私域浪潮式发售

快速搭建私域流量成交和变现系统

尹基跃 ◎ 著

中国纺织出版社有限公司

图书在版编目（CIP）数据

私域浪潮式发售：快速搭建私域流量成交和变现系统 / 尹基跃著 . -- 北京：中国纺织出版社有限公司，2023.4（2024.4重印）

ISBN 978-7-5229-0194-7

Ⅰ. ①私… Ⅱ. ①尹… Ⅲ. ①网络营销—研究 Ⅳ. ① F713.365.2

中国版本图书馆 CIP 数据核字（2022）第 254511 号

责任编辑：顾文卓　　责任校对：高　涵　　责任印制：储志伟

中国纺织出版社有限公司出版发行
地址：北京市朝阳区百子湾东里A407号楼　邮政编码：100124
销售电话：010—67004422　传真：010—87155801
http:// www.c-textilep.com
中国纺织出版社天猫旗舰店
官方微博 http://weibo.com/2119887771
鸿博睿特（天津）印刷科技有限公司印刷　各地新华书店经销
2023年4月第1版　2024年4月第2次印刷
开本：710×1000　1/16　印张：14
字数：157千字　定价：59.80元

凡购本书，如有缺页、倒页、脱页，由本社图书营销中心调换

Preface
前 言

当你打开这本书，就打开了私域批量成交发售的大门。

7年前，我和大多数人一样，不相信能够通过微信的朋友圈卖出东西，朋友圈不就是自己与朋友互动分享的地方吗？很多品牌也在发朋友圈，但都是发的产品广告，直到我通过朋友圈卖出我的第一个付费社群，才慢慢理解朋友圈的巨大价值。

5年前，我到北京创业，花光了所有的融资，还是没有起色，又透支了多张信用卡希望能够等来转机，最终负债超过60万，被迫解散公司，把团队搬到了山东，开始思考新的方向。

接下来的一年时间里，我陷入了债务危机，每天都在想着如何能够赚到钱，如何能够尽快还完信用卡，摆脱现在的财务危机。

我重新梳理了自己的所有资源，仅有的比较有价值的就是两个微信上的5000个微信好友。于是我突发奇想，如果我设计一个产品通过这5000个好友进行售卖，是不是能够有一些收入？

我设计了一个"私教"类的知识产品，定价在

私域浪潮式发售：
快速搭建私域流量成交和变现系统

9800 元 / 人，如果我能够卖出去 60 个，就能够把信用卡的负债还完。

但是，如何让潜在客户知道我即将推出的产品？如何与潜在客户展开对话？如何让潜在客户参与到产品的共创中？

我设计了一个求助，希望大家能够给我的这个定价 9800 元的产品提意见，结果群发了 2000 好友，收到了 600 多份调查问卷！

这让我喜出望外！因为通过大家调查问卷的结果，我确信，这个产品肯定能大受欢迎。

于是我开始在朋友圈不断展现这个产品的价值，通过私信不断提醒那些给我回复调研问卷的人，最终通过朋友圈、私信的形式成交了 70 个人，远远超出了我的预期！

第一次体验，原来批量成交是如此的简单，这整个发售流程我在这本书中也进行了分享。

后来我又使用这种发售模式，成交一个 1800 元的线上训练营，单次招生达 90 人；单场珠宝品牌活动，成交引流品 1200 多单，后端转化 300 万；帮助餐厅售卖粽子礼盒，一场活动成交 1000 多盒；通过 1 元产品转化 19800 元产品，单场活动收款超过 80 万……

这套发售模式我给它的命名是：私域浪潮式发售。因为每一次发售都会像一个接着一个的浪潮不断涌上来，成交的金额也是一波接着一波提升上去。

在私域流量池内进行有计划、有节奏的批量成交，这就是私域浪潮式发售的核心定义。

当我掌握了这个核心的成交密码，就再也不怕再次出现债务危机了，因为我现在的微信好友已经超过 10 万，我知道如果我设计一个产品，通过私域浪潮式发售的模式，就一定会有人下单。

所以，如果你也想像我这样，现在需要做的是：沉淀下来你的私域资产，先把你的微信加满，这些人里，总会有你的潜在客户。如果你需要钱了，只需要对着你的微信好友说：你们想要什么？

你可能很好奇私域浪潮式发售的底层逻辑是什么，为什么这个方法威力如此巨大？

请试着回想一下，你为什么会为一个商品付费？

本书的第一个章节里面就揭秘了私域浪潮式发售的核心秘密，为什么你的朋友圈发了那么多内容还是无法成交，为什么你会不由自主地为一个产品买单，除此之外，还会给你一个成交公式，让你的潜在客户马上给你付费！

私域浪潮式发售分为造势、预售、发售、追售和循环五大核心部分，在本书第一章的第四节有相对详细的介绍，但我并没有按照这五个板块来为你讲解私域浪潮式发售的秘密，而是把这五个部分融到了实操的各个案例中，让你通过不同的案例来更好地理解如何设计一场发售活动。

哪怕你掌握了这五个步骤，最终还是很难引爆一场发售活动，因为你没有进行四维发售场的改造。发售场是指你的发售环境，包括：产品体系、朋友圈四件套（头像、昵称、签名、背景页）、朋友圈内容以及用户标签。产品体系是成交转化的核心，用什么产品来获得更多用户，这就是引流品；需要什么样的产品来黏住客户，让他能够一直付费；设计什么产品来提升整体的客单价，有了这套产品体系，才能一直不断成交转化，朋友圈四件套能够让你跟用户之间的关系更加亲密，如果你用客服号进行发售，无论你跟用户发任何信息，很少会有人给你回复，因为他们认为你是在打广告。朋友圈内容的优化主要是提升用户的信任，激活老客户。把用户的标签更加精细化，是为了能够更好地识别出来哪些是你的潜在客户。这些在本书的第二章有详细的讲解。

任何发售流程的核心都是产品的设计与包装，如何让你的潜在客户感知到你的产品的价值，并且愿意为之付费，这就涉及产品价值塑造包装的核心技术。具体的方法你可以查看第三章，系统了解如何设计一个好产品。

私域浪潮式发售：
快速搭建私域流量成交和变现系统

用户之所以愿意付费除了对产品的认可以外，更多的是对销售产品的"人"的认可，用户更相信与他亲近的人，这种亲近关系是可以培养出来的，培养的过程称为用户培育。在设计一场发售活动时，要先找到谁是你的潜在客户，才能够更好地进行向上培育，让用户更好地相信你。在第四章节中，我分享了如何快速高效建立自己的流量池，找到种子用户以及对潜在用户进行培育。

第五章到第九章主要是私域浪潮式发售的实操应用，包含了朋友圈剧本化发售、快闪群发售、求助式发售、直播发售、PK发售以及联合发售等不同的发售模式和策略。由浅到深，由简到繁。如果你是一个初学者，可以先尝试朋友圈剧本化发售流程，让你体验到浪潮式发售的快感；如果你有了一定的基础，就可以去落地实操快闪群以及求助式发售的流程。

书的内容篇幅有限，并不能涵盖所有行业和方法论，为了帮助读者更好地使用这本书，我们特意建了一个读者交流群，如果你在阅读过程中遇到任何问题，欢迎扫码进群交流。

（扫码添加好友，邀您加入读者交流群）

Contents 目 录

第一章 五步构建私域浪潮式发售系统

1.1 发售是私域的核心 …………………………………………… / 2
1.2 私域发售的误区 ……………………………………………… / 4
1.3 用户成交的底层逻辑 ………………………………………… / 9
1.4 浪潮式发售五部曲 …………………………………………… / 18

第二章 四维发售场改造技术，升级你的发售环境

2.1 发售环境决定发售能否成功 ………………………………… / 24
2.2 产品改造，设计五级产品模型 ……………………………… / 26
2.3 四件套升级，让用户更好地认识你 ………………………… / 35
2.4 打造高黏性朋友圈 …………………………………………… / 39
2.5 标签系统，知道你的用户是谁 ……………………………… / 46

第三章 产品价值塑造技术，让用户渴望得到你的产品

3.1 打造可感知的价值呈现 ……………………………………… / 50
3.2 产品设计的底层逻辑 ………………………………………… / 62

第四章　用户培育技术，从陌生到付费五部曲

  4.1　用户培育技术的概念 ·· / 70

  4.2　理解流量，如何让你的用户找到你 ································· / 71

  4.3　制造流量，搭建冷启动流量池 ······································ / 75

  4.4　用户筛选、激活与培训系统 ··· / 82

  4.5　用户旅程，高阶用户运营策略 ······································ / 89

第五章　让用户主动下单的朋友圈剧本发售方案设计

  5.1　什么是朋友圈剧本发售 ··· / 96

  5.2　朋友圈剧本发售设计的底层逻辑 ···································· / 98

  5.3　朋友圈剧本发售案例 ··· / 108

第六章　用户批量成交的快闪群发售方案设计

  6.1　快闪群发售模式的底层逻辑 ··· / 124

  6.2　快闪群发售案例 ··· / 127

第七章　百万发售秘籍，求助式发售方案设计

  7.1　求助式发售的底层逻辑 ··· / 146

  7.2　求助式发售训练营产品SOP流程 ·································· / 150

  7.3　求助式发售案例 ··· / 159

第八章　可复制的视频号直播发售方案设计

8.1　视频号是当下最大的红利 ·· / 188

8.2　视频号直播的九个核心步骤 ·· / 190

第九章　发售活动设计，实体店业绩倍增的方法

9.1　门店私域爆破增长活动设计的核心五步法 ····················· / 204

9.2　战队PK发售系统，10倍放大发售成果 ··························· / 209

9.3　案例：联合发售，一场免单节活动赚30万 ······················ / 212

第一章
五步构建私域浪潮式发售系统

1.1 发售是私域的核心

在服务客户的过程中，我发现大家或多或少都遇到过关于私域如何卖货的问题，绝大多数品牌方在运营私域的过程中，如果是要卖某一个产品或者是推某一个活动，都是直接在朋友圈、私信、社群内做产品的推荐，在客户感知中，品牌方就是在不停地发广告。最后是品牌方做了很多努力，但是最终成交却寥寥无几。发售是私域的核心，发售是有节奏、有设计的成交流程，发售开始的时候就注定了活动的效果。

在开篇前，我先给大家分享三句话：

第一句：**流量的终点是微信**。不管是做抖音、快手、线下门店，还是平台电商，最终用户的成交都会留在微信上面。微信已经形成了一个闭环，借助微信或者企业微信，我们能够和用户建立起最直接、最有效的链接和触达，并且可以培养和用户之间可信任的关系点。

第二句：**每个人都应该构建自己的私域资产**。不仅是品牌方，每个个体也是。在未来，微信就是你最核心的资产，微信上的好友量、好友的精准度，决定了你可以卖货的潜在的池子有多大，决定了你的私域资产的价值，所以每个人都应该构建自己的私域资产，现在开始还不晚。

第三句：**私域的核心是发售**。我们已经开了很多期线下的私域流量操盘手的课程，培养了很多私域流量操盘手和品牌方，但是我们发现大部分品牌方在做落地的时候，却没有核心的抓手。因为私域流量涉及的面实在是太多了，比如：如何引流，如何做人设，如何做定位，如何发朋友圈的、如何设计社群的内容和私信的内容，如何设计发售的环节，如何打造团队的绩效和考核……涉及的面越多，越不知道如何去落地。而且我们发现，90%私域做得好的人，都是发售流程设计得好。用户进来之后，能够在最短的时间里成交，从而给团队或者品牌方以正向的激励。由此我们发现，原来，私域发售才是整个私域流量的支点和核心。

更为重要的是，私域发售是一门技术。技术，你学完之后是不会忘记的。举个例子，你在两年前学会了骑自行车，你可能很长时间没有骑过，但当你再去骑的时候，仍然会骑。我相信，你只要学习完整套的体系，然后选择性地用其中的一种或多种模式去做一次落地，你就能终生记住发售的流程和技巧。

发售可以成为你打造个人品牌、个人影响力时的核心支点。越是在自己比较弱的时候，越要去专心做一件事情。

很多人都会比较迷茫：我要去研究什么、思考什么，我要考虑从什么地方获取更多的流量，如何去获取更有效的流量、更精准的流量、源源不断的流量，如何让自己的流量去裂变。

我给大家的建议就是"专心发售"。流量进来之后，最核心的还是要设计发售的流程和环节，如果发售提升不上去，再多的流量也都是无效的，私域流量的核心是发售！

1.2 私域发售的误区

1.2.1 核心误区一：关于直接推销

（1）刷屏卖货。你在朋友圈里面一天发几十条朋友圈，觉得自己非常努力，自己的产品很好，但就是没有人下单，为什么呢？

首先，我们要明白，你发的朋友圈越多，用户跟你的互动越少，微信就会认为你的朋友圈的质量很差，你所发的内容就不会在别人的朋友圈里展现，这就是微信朋友圈的推荐机制。大部分人都不知道这个机制，所以不要再去做这种刷屏的动作，至少不要经常做，而且，每次做之前，一定要设计好"钩子"，让用户多多参与互动。

但是有一种情况是例外的，我们发朋友圈的目的，不是让用户及时地在朋友圈看到，而是当他有某种需求想起我们时，自己会到我们的朋友圈里面去找他需要的内容，这种情况下，我们是可以刷屏发自己的产品的。例如，你是做服装的，你发了很多穿搭的图片，当他想买衣服的时候，可能会到你的朋友圈里面看哪个适合自己，带着图来找你，就有了成交。

2014年微商最火的时候，当时我是不相信微商能够在朋友圈里卖出去货的。因为在我看来，朋友圈是一个很封闭的、分享自己日常生活的地方。这里面能卖出货吗？不可能！但是后来，我的一个朋友也做微商，偶然的情况下，我加入了他的代理，然后在朋友圈里面第一次尝试去卖产品，没想到竟然卖出去了！这完全颠覆我对微信私域卖货的理解！

当我卖出去第一个产品之后，我就坚信一个原则：有流量就能够卖出去货。比如，我们在朋友圈里去卖服装、鞋子，只要有流量，肯定是能卖出去的。

为什么一些品牌门店愿意在商场里开店呢？因为商场每天都会进来大量的人流，只要有流量的地方就有成交。

我们很多人可能都发过传单，也都知道发传单的效率很低，流量很不精准，但是我们仍然会发，为什么呢？因为只要发了传单，我们的生意就会变好！为什么发了传单生意就会变好呢？是因为覆盖了足够多的人，有了足够多的流量，这里面必然会有人对我们的产品有需求！

成交的底层原理是：概率。当你覆盖足够多的人，总会遇到对你产品有需求的人。同样的道理，我们做私域运营、发售的目的就是提升用户成交的概率。

我是比较内向的一个人，虽然我经常去分享，去做直播，但是我从来不好意思给别人去打电话推销。我一直在思考如何让用户主动付费，用户购买的核心的动机是什么？直到后来，我学习和总结了一套自己的私域浪潮式发售体系，才发现原来发售是需要有流程的，每一个环节都是需要精心设计的，这些环节设计好以后，用户就会主动来找你购买。

（2）私信轰炸。既然有流量就能卖，那么我每天疯狂地去发朋友圈，不就能卖得更多了吗？刚开始，我也是这么认为的……

有一次做线下课招生，因为疫情原因，报名效果不好，然后我们批量地

私域浪潮式发售：
快速搭建私域流量成交和变现系统

给所有好友发私信来推销这个产品，告诉大家我们将在几月几号会有一场线下大课，大概讲什么，你要不要来？然后附了一个报名链接。结果是，我们被很多好友拉黑屏蔽了！从那件事以后，我再也没做过这种私信的推销。首先，狂轰滥炸的效率很低；其次，发私信需要很大的勇气；最重要的是，它会产生很多负面影响——给不需要的人去推荐你的产品，是一种骚扰！

到此我发现，原来卖货并没想的那么简单！

如果你迫于销售的压力，给所有的好友发信息推送，那么结局只能是被拉黑删除，让用户极度反感。因为你发私信去轰炸的时候，就意味着你没给真正需要它的人发送精准的信息。看到这儿，你有没有在思考，你是否也犯过和我一样的错误？如果你还在给全部好友做批量私信，请马上停止。

有人会说，你不是说知道我们的人越多，购买的人就会越多吗？原理是这样的，但是，我们还必须掌握私信群发的规则。首先，群发信息要控制在一个月不超过一次，不能发得太频繁。其次，每次发售都要让用户得到真正的"好处"。比如，我们现在做"双11"的活动，这个活动确实很优惠，很有诱惑力，如果不群发，他们就会错过这个活动。还有，每一次群发都要给用户提供价值。比如，发送信息："你好，我准备了《私域流量的50个案例库》，不知道你需不需要，如果需要，给我回复1，我把这个文档发给你。"这里我们虽然群发了，但是也给每个人提供了价值，他哪怕不需要，不给我回复，也不会感到特别厌烦。

（3）被删除是不需要？被屏蔽不是潜在客户？并不是的！只要他加了你的好友，潜意识里就是有需求的，他可能现在没有付费，但是未来有可能会。所以，我们在运营的过程中，要尽可能地不要让用户屏蔽我们、删除我们。

（4）用户无标签。你知道你的每个客户的需求是什么吗？你知道谁在你这购买过三次以上吗？你知道谁经常去给你介绍客户吗？你知道某个客户的圈子是什么样的吗？不知道！你不清楚客户的基本情况，就无法精准触达，只能事倍功半，还容易引起客户反感。

（5）没有分层的社群。你在群里发了很多的产品和优惠信息，但是却卖不动货，为什么呢？这是因为你的微信群没有做分层。分层的核心是筛选，我们只有通过筛选才能够有效地把你的高价值用户识别出来，并且让他们产生付费的行为。

1.2.2 核心误区二：关于产品

（1）产品与微信号不匹配。比如我们要在朋友圈里卖火箭，那肯定很难卖出去，你要看你的用户对什么类型的产品是有需求的，如果你发售的是宝妈的产品，但是你的朋友圈里宝妈人数特别少，不用想都知道，你的发售成果肯定很差。

（2）产品价格与产品系统不完善。这句话是什么意思呢？就是当你成交了一个产品之后，没有另外一个产品来让用户产生下一次的付费，这就说明是你的产品体系不完善。产品体系不完善会让大量的用户流失，所以，我们要思考我们的产品体系应该如何去设计。

（3）你卖的不是一个产品，你不能一个人卖产品，你不能只卖一个产品。我们分开来看这三句话：

第一句"你卖的不是一个产品"，那我们卖的是什么呢？我们卖的是一个解决方案！什么叫产品？任何一个产品都有四个边界：针对什么人，解决他什么类型的问题，以什么形式解决，然后收他多少钱。我们卖的就是这样的解决方案！

第二句"你不能一个人卖产品"。当有了完善的产品体系之后，你不能再独自一个人去卖这些产品，我们可以招募更多的分销团队、代理商、经销商……让更多的人参与到我们的产品的售卖过程中来。

第三句"你不能只卖一个产品"。你要设计多个产品的流程，多个产品的体系，批量地给用户做不同的产品体系之间的成交流程，让用户跟着你一直买下去。

1.3 用户成交的底层逻辑

1.3.1 用户购买的六大核心动机

当我们思考发售的时候,首先要思考的就是用户购买的六大核心动机,从下向上依次是**社交、生活必需品、懒惰、自我完善、贪婪、恐惧**。

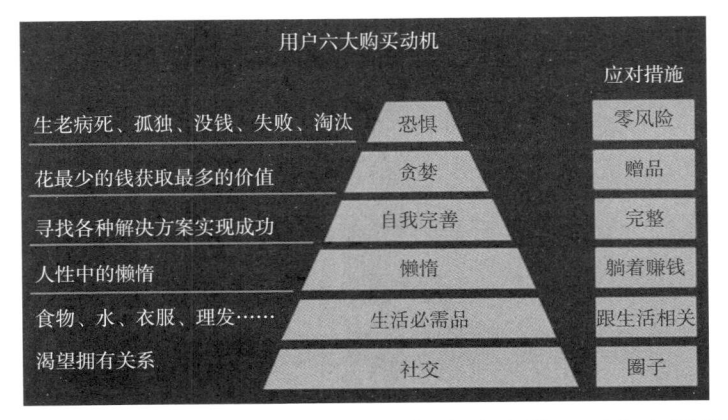

用户六大购买动机		应对措施
生老病死、孤独、没钱、失败、淘汰	恐惧	零风险
花最少的钱获取最多的价值	贪婪	赠品
寻找各种解决方案实现成功	自我完善	完整
人性中的懒惰	懒惰	躺着赚钱
食物、水、衣服、理发……	生活必需品	跟生活相关
渴望拥有关系	社交	圈子

我们先来看第一个动机——社交。人都有社交的心理和底层的需求,人们渴望拥有关系。所以我们就去加入各种圈子,比如,大家加入"21天私域浪潮式发售训练营",就意味着你加入了一个发售的圈子,在这个圈子里,你能够更好地去学习应用、交流私域流量浪潮式发售的各种方法论。同样,很多做知识付费圈子的会有"私董会"或者"弟子班"的产品,往往客单价比

较高，这类付费产品都是在卖用户的社交需求。有一些品牌门店也会按照用户的喜好建王者荣耀群、户外运动群、爱宠群等，也是把有同样兴趣的人聚集在一起，满足用户的社交需求。部分品牌门店会员制做得比较好，会单独把会员拉到一个群内，为会员提供专属的权益和福利，比如，带着会员一起参加线下活动，举办会员生日会等，这都是为了满足用户的社交需求。

第二个动机——生活必需品。比如食物、水、衣服、日化用品。用户之所以付费，就是因为它是生活中的必需品，是必须要买的，这种需求是一直存在的。你真正需要做的是，如何让他买你的而非别人的。比如你是卖护肤品的，同样的品牌，客户为什么在你这下单，而不是在你的竞争对手那下单？在产品属性相同或者相似的情况下，消费者的付费决策与消费者对销售人员的信任有更大的关联。

第三个动机——懒惰。人性本惰，很多人每天都在想，我能不能什么都不干就可以躺着赚钱？你有没有这种想法呢？其实很多人都是有这种想法的。包括很多门店，什么都不考虑，一上来就要求在短时间做出一个能快速挣到钱的发售体系，从而实现快速成交变现的目的。你可以看到很多产品的命名："3天减肥7斤，不满意退款""7天学会编程，月薪过万""3天学会百万浪潮式发售秘籍"，这些命名都是击中了用户懒惰的需求，希望用最短的时间达到最好的效果。

第四个动机——自我完善，寻找各种解决方案实现成功。自我完善的办法就是变得更加完整。比如，你学会了一门外语，又学会了驾驶技术，那么你整个人的能力就会变得更完整，人们常常会为了自我完善而付费。俗话说"技多不压身"，自我完善常常是激发一个人自我成长的主要动力。

第五个动机——贪婪，人都是贪婪的。我们在卖东西的时候，可以给用户一些赠品，比如，你今天买这个，我就送你另外一个。然后他一看，哇！送的东西这么多，物超所值，这样就更容易产生付费了。我们在设计发售流程的时候，根据这个动机，可以设计更多赠品的属性，让用户打消他付费的顾虑。

最后一个动机——恐惧。比如，生老病死、孤独、没钱、失败、淘汰……我们要解决这个购买动机，就要给用户"零风险"承诺。比如，你跟着我学习浪潮式发售的流程，我承诺你，如果没有学会或者没有赚到钱，我会把学费退还给你，这就叫零风险。这就意味着我们在做发售的时候，要做很多措施，降低用户的顾虑，当然，最重要的还是要保证我们交付的效果。例如在一些直播间，主播不断倒计时"3、2、1"下架的时候，也是击中了用户的恐惧心理，担心如果现在不下单，之后再也买不到了。线下很多门店也是利用了这个动机，总是打着"门店倒闭、清仓处理最后 1 天"等旗号。

以上是用户购买的六大动机。可以思考一下，这些与你的产品和动机中的哪些表现相关？如何让你的用户产生付费动机？

由上面用户购买的六大动机我们可以得出一个结论：影响客户购买的 3 大原因是信任、风险、需求。我们也可以简写为：成交 = 信任 + 需求 - 风险。

如果用户不信任你，他就不会付费。用户付费之后，他会担心有风险，比如你收完钱跑路了，比如买到的是假货，比如产品效果并没有你展示的那么好……这些都是用户在购买的时候会产生的风险。我们要打消掉这种风险，就要把用户的所有可能存在的风险问题都列出来，然后根据这些问题，找到解决方法，那么风险自然就解除了。风险解除之后，你就会发现，原来用户是可以主动去付费的。

1.3.2 七种方法，让用户完全信任你

什么是信任？信任是否可以快速培养？你可以把你与用户之间的关系想象成是一个存钱罐，你每和用户互动一次，比如：你给用户的朋友圈点个赞，相当于往这个存钱罐里存了 1 块钱，如果你给这个用户的朋友圈评论了一次，相当于往这个存钱罐里存了 10 块钱，如果用户私信咨询你一次，相当于往这个存钱罐里存了 100 块钱，当你们之间的这个存钱罐里的钱达到一定数量之后，用户就会产生付费的行为。如果用户在你这下了一个小单，相当于往存钱罐里存了 1 万块钱，这就是通过培养与用户之间的亲密度来更快速地建立信任关系。

为了让用户对我们产生信任，我们常常还会采用以下几种方法。

（1）**专业能力**。也就是你在朋友圈里的个人形象，给你的潜在用户的第一印象。如果你的头像用的是一个风景图，或者某个建筑，你的用户是不知道你这个人长什么样的，也不知道你有什么样的专业能力，更不知道你获得过什么奖，当然也不可能知道你的经历。可能加了你的好友之后就觉得，你就是一个客服，不是一个能够服务他的人。假如你是做设计的，就要展示自己的专业能力，比如，曾经得到过某个奖项，从业多少年，服务过多少客户，客户对你的评价……这些都是你的专业能力，都可以展现在朋友圈内，让用户加了你之后，看到的第一眼就觉得你是一个专业的人。

（2）**专家形象**。为什么很多人信任我？因为他们看过我写的《可复制私域流量》这本书，知道书的内容非常好，非常实用，因此认可我是私域流量

方面的专家，这就叫专家形象。因为大家看过我写的书，就会有一种天然的信任感。当然也有其他形式，比如说某品牌顾问，这也是一种专业的形象。得到过某类行业中的认证、排名等，都是塑造一个专家形象的核心内容素材。

（3）**用户见证**。什么叫用户见证呢？用户见证是指用户对我们的产品或者服务的好评反馈，比如产品的效果、功能、特色等。我们见过很多做减肥产品的，在她的朋友圈里会经常晒谁减肥一个月瘦了多少斤，然后把前后对比的照片发上去。很多乡村老医生，他的墙上挂满了各种感谢的锦旗。在电商里面购物，为什么大家都会看其他人的评论？因为第三方的评论对他来讲是更有帮助的，我们更容易受到别人好评的影响从而产生付费行为。

（4）**权威背书**。比如，我的权威背书——新榜、有赞、360商学院金牌讲师，这就属于权威背书的一种形式。你的产品有没有得到过相关的认证？或者是一些专利？或者是否采用了某种独有的技术？……平台背书、独有的技术和资源，都是权威背书，权威背书的目的就是让大家觉得你是有实力的，你的产品是有效果的。

（5）**价值内容**。比如，我的朋友圈，会经常给大家分享私域流量运营的一些方法、技巧、案例的拆解。大家看完这些内容，会觉得我的分享是有价值的，学完之后是有帮助有启发的。为用户提供价值，每次刷到你的朋友圈都能够有所收获，无论是收获知识还是收获情绪。如果你是做瑜伽的，你可以在朋友圈多分享一些瑜伽的动作；如果你是做餐饮的，可以多分享一些美食的做法；如果你是做教育的，可以多分享一些学习方法……

（6）**使用体验**。当一个人对你的产品有疑虑的时候，你要给他一个体验和试用的产品。比如我们做讲师班的时候，先推出了一个1元的课程。这个1元的课程，我们交付了3天，讲的内容很核心很实用，让用户体验其中的价值。事实证明，用户学完之后都反馈说，完全刷新了自己的认知。用户体验后觉得超值，所以才会报我们19800元的讲师班，在结营仪式上，我们直接由1元转化19800元的讲师班，转化率高达40%。做美容的一般会用一些项目做引流卡，让陌生客户先来体验几次项目，再在这个过程中转化用户的高客单产品。做艺术培训的也是，先给家长几次体验课程，通过体验来让用户做出选择。在这个过程中，用户体验的好坏决定了后端产品转化率的高低。

（7）销量展示。你要营造出一种畅销的体验，比如这个月已经卖出去多少单，已经服务了多少个家庭，已经……让那些没有下单的人、在观察的人产生付费行为，让他们看到这个产品是多么畅销，这个产品有很多人在买，我也要跟着买。畅销是最好的口号，如果你的某个单品特别受欢迎，一定要在最显眼的地方打出来，比如累计销售奶茶1000万杯、年销售100000只烤鸭等。

包括你的朋友圈、私信、社群，都需要用这些维度来去打造和生产相应的内容，建立起你和用户之间的信任。

1.3.3 七个角度，挖掘用户需求

影响成交的另一个因素是需求。冬天天冷了要买羽绒服，这就是一种需求。当用户没有需求的时候，我们又想去卖给他产品，那么我们该怎么去挖掘他的需求呢？可以从七个角度入手。

（1）静默影响。比如你是做婴幼儿产品的，可能你的朋友圈好友里面有很多的宝妈，她没有给你点过赞，没有跟你互动过，没有在你这成交过，但

是并不意味着你没有影响到她。你在客户的反馈中，截取一些素材，发到朋友圈，比如，某个宝妈在你这买的辅食，无添加、口味好，孩子吃得特别棒，一个月长了多少多少……其他没有购买的宝妈会慢慢地被你发的这些内容所影响。当她有这个需求的时候，就会第一时间想到你，这个叫静默影响，其他行业也是一样的道理。

（2）**日常观察**。日常观察应该如何去设计呢？这个就需要我们进到用户的朋友圈，观察他的动态。当然这是用企业微信做不了的，企业微信最大的弊端就是无法和用户建立起更深的情感链接和递进。你可以用个人微信号，通过看用户的朋友圈，得知他的喜好，付费能力……比如你通过观察这个人是不是经常旅游，经常出入什么样的场所，然后你来判定他的付费能力怎么样……

（3）**聊天探寻**。比如一个用户发了他今天去看的某个电影的朋友圈，你是不是可以私信他："这个电影怎么样？我最近也想去看……"当你私信跟他聊天的时候，因为跟他聊的是他的最新动态，有一个共同话题，更容易产生互动。为什么要跟用户产生一对一的互动呢？因为我们跟用户之间的互动频率越高，用户跟我们建立起来的信任值就越大，我们能够挖掘出来的用户需求也就越多，用户成交的概率也会越高。

（4）**赠品试探**。比如你是做减肥产品的，你私信你的朋友圈的好友，说："你好！我准备了一个7天瘦身7斤的方法PDF文档，看看你有没有需要？如果需要的话，回复1，我把它发给你。"这个就叫作赠品，赠品也是一种诱饵，是激活用户的诱饵，这里叫赠品试探。再比如你是做房屋装修的，可以整理一本《新手装修365问》的手册，把这本手册作为一个礼品，给你所有的好友发信息说："你好，送你一个礼物，很多朋友在装修的时候会遇到

私域浪潮式发售：
快速搭建私域流量成交和变现系统

各种各样的问题，作为在装修行业从业十几年的人，我整理了一本《新手装修365问》，基本上把装修可能会遇到的问题都整理了出来。如果你需要的话，回复1，我给你留一本，免费送。"这样就把对装修有兴趣，哪怕是现在不装修，未来也是有机会装修的人给激活了。你在书里面写得这么专业，他看完书可能就直接来找你下单了。

（5）**情感递进**。情感递进就是你跟用户之间的情感链接，怎样才能跟用户建立起更有效、更直接、更简单的情感链接？我们可以通过跟用户的每一次评论、每一次点赞、每一次私信来建立这种情感链接。用户过生日，你给他一个小小的红包或者一段真心的祝福语，都是能够提升你跟用户的情感的方法。当你们之间的关系越来越近的时候，情感就会越来越深，当情感越来越深的时候，你可以成交、可以变现的路径也就会越短。我有一个朋友，是做燕窝的，她维护客户的绝招就是给客户送礼物。经常在她这儿买燕窝的客户，她会打上标签"VIP"，这些VIP客户每次快到生日，她就会提前订一个小蛋糕邮寄过去；平时有什么节日之类的，或者看到客户朋友圈遇到了什么不开心的事，就给客户主动订一杯奶茶送过去。这样，真正地把朋友圈的好友变成了自己的朋友，用户的复购率极高。

（6）**体验效果**。体验效果就是用户使用的体验，用户体验完之后，让他看到效果。比如用户敷了这个面膜之后，感觉特别清爽，他就会觉得你这个面膜效果很好，值得购买。有了效果之后，用户是能感知到价值的，这样你的成交就会变得更加简单！

（7）**做标签管理**。商品的成交都是基于用户的精细化运营，用户精细化运营的核心在于标签体系的管理。有一个品牌，用户加到微信之后，叫作普通用户；在这购买1次到3次之间的用户，叫作准黏性用户；购买3次到

20次之间的用户，叫作黏性用户；购买20次以上的用户，叫作超级黏性用户，这就是他们的标签体系，很方便筛选出高价值用户。在这个过程中，你要思考你的标签体系应该如何去设定。有两种方式：第一种，直接手动在备注里修改；第二种，做一个分组可见。在私域精细化运营中，最常用的就是ABCD标签备注法。刚加了好友还没有咨询的客户会在他的昵称前面打上一个大写的A，对于咨询过但是没有成交的客户会打一个大写的B，对于付费购买过的客户会打一个大写的C，如果这个客户经常购买，那么会在客户昵称前面打一个大写的D。

以上就是关于如何挖掘用户需求的一些方法。无论任何时候，无论做什么样的产品或者服务，都要记住，价值不到，价格不报！

1.4 浪潮式发售五部曲

1.4.1 如何让用户主动举手

所有发售的流程都可以用两个环节来概括，第一个叫举手，第二个叫成交。我们所有的流程，前期价值的塑造、预热、造势，都是为了让更多的潜在好友去举手。

在举手环节中，我们需要多维度地去塑造产品价值，给予用户多种路径。比如，你告诉大家，对我们这个活动有兴趣的点赞，想要这个产品的点赞……这些点赞的人都是潜在的举手客户。再比如我们想成交高客单价的一款产品，于是在前端设计了一个1元的密训营，而所有加入密训营的同学都是举手的人。除此之外，你也可以用回答问题的方式让用户举手，比如说"您家的孩子最近有没有睡眠不好或者是烦躁不安，经常哭闹？如果有的话，回复1，我来教你如何避免孩子的这些问题……"以上都是让用户主动举手的方法。

如何让更多的人举手呢？给你一个公式：**举手＝标签＋激活＋分层**。

我们根据自己的实际情况去做用户的标签体系，用户加了我们之后，我们在后期可以根据标签体系进行各种不同形式的激活，同时对用户的行为精准跟进，给用户建立一对一的档案信息，及时进行回访等。

在用户举手表达想要购买的欲望后，就正式进入成交环节了。此时，我们更多要思考的是，成交的核心是什么？也就是用户为什么要在这个时间点付费？成交的核心是给予超级主张！你现在购买就能够解决你某个问题，这是一种主张。你现在购买就可以得到某个赠品，这也是一种主张。我们这个产品只卖很短的时间，或者我们这个产品只在这次活动中才会有，也就是限时限量，这也是一种主张。如果没有效果，我全额退款，也就是负风险承诺，这也是一种主张。除了成交主张，我们还会用子弹夹，准确打中用户的核心痛点，让用户渴望改变。最后告诉他该如何行动，接下来付费就是自然而然的事情了，这才是一个完善的成交流程。

1.4.2 如何打造浪潮式发售循环体系

当我们在设计发售流程的时候，主要考虑的是，如何让别人知道我即将推出的产品，但又不留下推销的痕迹？还有就是如何激发他们的好奇心，让潜在客户好奇这个产品是什么？如何让潜在用户发挥协同作用，协同我们更好地去开发这个产品？如何与潜在客户展开对话，吸引他们的注意力？如何向潜在客户提供合适的产品？这些都是我们在设计浪潮式发售的过程中，需要解决的核心问题。

接下来就是我们这个部分最重要的内容：浪潮式发售五部曲。

首先推荐大家去读一下《浪潮式发售》这本书，虽然这本书讲的是通过电子邮件的形式去做销售，目前大部分策略和方法都没法直接用，但是你要去做知识的迁移，融会贯通，思考自己应该如何应用朋友圈里面的内容，应

私域浪潮式发售：
快速搭建私域流量成交和变现系统

用社群里面的内容，让用户产生付费的行为，浪潮式发售的一些流程应该如何改造等。

我将浪潮式发售流程分为五个大的步骤：造势、预售、发售、追售和循环。

（1）造势。什么叫造势？造势的核心目的就是如何吸引潜在客户的注意，如何与他们展开对话，如何知道人们喜欢或者不喜欢自己的产品，如何让客户在你开口之前就掏腰包。如果你的发售周期是7天的话，造势会做3天，然后预售做2天，发售做1天，最后追售会做1天。发售是在短时间内马上产生成交的一种行为，那么在造势的过程中，就要让你的潜在客户知道，你即将要推出来的这个产品是什么，对他会有什么样的价值，对他会有什么样的作用，或者能够解决他什么样的问题……让他产生期待，说我一定要等这个产品上线。

比如，我准备在朋友圈里发售一个发售训练营，那么我会提前两到三天发朋友圈，说某某某通过我的一个方法实现了多少销售，谁的产品经过我的设计增收了80%，谁又给我送了一面锦旗感谢我的指导……在这个过程中，我们要做的就是如何更有效地刺激用户的需求。再比如，做装修的，我们在去造势的时候，就可以通过塑造产品的折扣、赠品的价值、稀有性等，去吸引用户的注意力，刺激用户的需求。

大家在做实体产品发售的时候，也可以把它们打包成一种虚拟产品来卖，这叫造节。其实就是你把多种产品、多种权益打包在一起，来吸引更多的人加入和关注这个活动。比如，饮品节、火锅节、吃货节等。

（2）预售。什么叫预售？预售就是让更多人进到事先准备好的抢购群里面，然后在这个群里让用户感知产品的价值、活动的价值。从"快来买我的产品"到"我要买你的产品"，让用户能够产生主动付费的意愿，这叫预售。

优秀预售的关键是"创造价值"!

（3）**发售**。为什么商场打折总是喊"最后一天"？为什么折扣在最后一天的诱惑是前面几天的 N 倍？什么额度的折扣对客户来说最有吸引力？除了利益诱惑以外，还有哪些渠道能够有效地掀起抢购的热潮？所有动作都是为了打消用户的顾虑，避免"我要不要等一等""要不要看一看""要不过段时间我再买"的情况。要解决这个问题，就要用损失厌恶心理，让用户感知到，如果我现在不买，可能就会有很大的损失。

（4）**追售**。如果你在发售的环节里没有设计追售流程的话，至少会损失 80% 的利润，所以我们一定要做好追售的环节。追售一方面是给没有成交的人看到别人的成交见证，促进更多的成交；另一方面是给已经成交的人追售更高客单价的产品。如果你没有办法成交更高客单的产品，就意味着你就没有办法赚取到更高额的利润。比如在这个群里面很多人都已经下单了，但是仍然有一部分人没有下单。那么我们就要在这个群里不断地告诉大家谁买了、顾客的一些好评、他的使用效果等，这样就会刺激那些还没有购买的人产生购买欲望。

（5）**循环**。比如我们做了 1 元的训练营，开营期间我们又发售 9 块 9 的产品，9 块 9 训练营结束后又循环到 21 天发售训练营这个高客单价的产品上。21 天训练营结束之后，还会循环到下一个更高客单价的产品。你在设计产品发售流程的时候也要注意，千万不要只是为了发售一款产品而设计一个特别复杂的发售流程，耗时耗力，最后成交量还低。尽可能做到产品背后还有产品，这就涉及了产品体系设计，后面会给大家详细讲解。

循环系统的目的是要去打造和挖掘出用户更高的需求，通过我们的交付，去满足他的每一级需求，从而产生一直购买的行为，这就叫作循环。

第二章

四维发售场改造技术，升级你的发售环境

2.1　发售环境决定发售能否成功

看完上个章节内容，很多人可能会想着，我现在就要去做发售，我现在就要去发朋友圈，我现在就要去卖货……但是你会发现，当你尝试了之后，效果并没有想象中的那么好，那么热卖。哪怕你已经学习了整套的技术，整套的发售流程，哪怕你知道了如何造势、如何预售、如何发售以及如何追售，如何去做一个循环体系，但是你仍然做不好发售。

为什么呢？因为你没有改造你的发售场！什么叫发售场？就是你发售的环境。比如你想通过朋友圈发售，那么你的朋友圈有没有升级？有没有改造？你的用户对你有没有一个更高的认知？对你的信任有没有提升？如果你要在社群里去做发售，那么你的社群的整套的流程、社群的运营有没有升级？你个人定位有没有升级？如果这些动作都没有做，直接做发售的话，是很难达到你想要的效果的。

第一个维度是产品维度。就是你在发售一个产品之前，要有一套完整的产品体系，能够满足用户的多层次需求。

第二个维度是四件套升级，让用户更好地认识你。也就是我们要通过个人号的定位、朋友圈、个性签名以及背景页这一系列内容的升级，让用户更好地知道你是谁，能够给他提供什么样的价值。在微信个人号中，四件套是指头像、昵称、签名、背景页，在企业微信四件套中是指头像、昵称、背景页、对外展示页。每一个环节的修改，都是为了让你的潜在客户更好地了解你、熟悉你、信任你，从而产生付费购买的意愿。

第三个维度是朋友圈内容升级，打造高黏性朋友圈。你的朋友圈的内容如何有效地去提升，让你的用户在你的朋友圈场景里面和你有更好的互动，建立起更高的一种信任值？朋友圈是你的第二名片，朋友圈的内容是需要持续积累的，并不是发一天、两天就可以看到效果，而是要长期地去发，静默影响用户的决策心智。很多品牌的导购，朋友圈里面都是广告，一点个人生活都没有，用户很难对这个导购形成情感上的信任关系，只能建立单一的咨询、购买的关系，黏性比较低。

第四个维度是标签系统。标签系统就是你要知道你的用户是谁，你要给不同的好友、不同的用户做分层，做档案，做不同类别的管理。打标签是一个你熟悉客户、了解客户的过程，如果你的客户资源量比较少，还可以记住哪一个客户买过什么、喜欢什么，当你的客户资源变多、客户转化周期长、转化流程比较复杂的话，你是很难记住每个客户是谁的。这个时候你就需要给每个用户打好标签，给用户打标签可以通过昵称备注打标签、分组标签、备注内容等形式来做，关于标签如何打我在《可复制的私域流量》这本书里有比较详细的讲解。标签是做用户精细化运营的前提，如果连做标签的意识都没有的话，很难做好私域。

2.2　产品改造，设计五级产品模型

2.2.1　产品是推进用户信任的工具

什么是产品？先给大家讲清楚其中的逻辑，然后在下个章节重点给大家讲产品体系应该如何设计。

首先，我们要去理解产品是什么。产品是推进用户信任的工具。我们去服务用户的时候，在和用户建立关系的时候，你的产品可以用来和用户之间建立更好的信任，所以你要打消一个念头"我的产品不行，但是我可以说服甚至是哄骗你来买"，这样你跟用户只能做一锤子买卖。

始终要记得，产品才是最核心的！产品是1，后面的发售技巧是0，如果没有这个1，结果全是0。在用户和你的产品发生关系的时候，你应该如何和用户进行产品的交付，让用户对你产生一种更高的信赖，让用户觉得这个人靠谱，产品靠谱。比如，先用你的体验装，然后又购买了正装，再转到会员，这是一个逐级推进用户信任的过程。

2.2.2 五级产品模型，锁定所有用户

我们在去设计整个产品体系的时候，一般会按照五级产品模型来设计。第一个是引流产品，第二个是黏性产品，第三个是利润产品，第四个是超级赠品，第五个是超高产品。大家可以对照自己的产品，去思考目前主卖的产品，属于这几类产品中的哪一类。

全新五级产品系统框架

吸引客流	引流产品	99、199、999的产品
黏住客户	黏性产品	付费社群、周更栏目、刊物
创造收入	利润产品	训练营、线下课程、私教
促进成交	超级赠品	内部资料、线下课程视频
提升高度	超高产品	顾问咨询、诊断

第一级：引流产品。

什么是引流产品？比如，你是做知识付费的，那么你前端的免费课、99元的课、199元的课就属于引流品，先把用户引进来，让他体验你的产品。

如果你是做线下实体门店的，比如做服装的，那么门店低价的袜子及饰品，都属于引流产品。

卖家电的不一定要用家电去引流，可以是提供免费的工具使用权或者其他服务。家电的复购率很低，但是如果我们用一些免费的服务，或者家电的日常维修和护理项目绑定消费者，建立起最基础的信任和依赖，那么当用户

私域浪潮式发售：
快速搭建私域流量成交和变现系统

有购买家电需求的时候，第一时间想到的肯定是你的门店，这种情况下，用高频带动低频，日常的转化率非常高。

卖茶叶的可以设计一个《新手喝茶 101 问》。这个《新手喝茶 101 问》是你的知识产品，主要针对那些喝茶的新人。我来教你如何把 100 元的茶喝出 1000 元的品位，教给你如何更好地喝茶品茶，教你什么样的茶用什么样的水在什么样的温度去泡，教你如何用正确的器具喝茶，或者是以什么样的流程来喝茶等。

如果你是做美妆产品的，你的引流产品除了体验装以外，是不是也可以做一个化妆技巧的线上课程？一本妆容和衣着搭配的书籍？

如果你是做培训的，不管是跆拳道培训、乐器教学，还是舞蹈训练，都可以以免费体验 1～2 节课作为引流。

如果真的想把引流产品的威力发挥到极致，1～2 节课的体验就显得有点软弱无力了，因为它不能给别人一个完整的价值。

引流产品设计的原则是：**高价值、低价格、可转化、普适性。**

（1）高价值：引流产品的设计并不是价格低品质也低，之所以叫引流产品是为了后端有产品可以转化，所以一定要让用户感知到这个产品的价值点。

（2）低价格：站在品牌商家的角度考虑，引流的产品一定是低成本的，最好是虚拟产品，比如知识产品、电子书、课程等，边际成本基本为 0。

（3）可转化：我们设计的所有的引流产品，都是针对某一类人群通过某一个渠道引流转化使用的，在转化过程中有一个核心的关键词：转化路径。也就是从 A1 渠道通过 B1 产品引流过来用户称为转化路径 1，如果从 A2 渠道通过 B2 产品引流过来用户称为转化路径 2，你需要在你的利润产品前搭建多个转化路径。

（4）普适性：比如一个医美品牌，如果通过医美的项目直接做引流虽然比较精准，但是筛选不到更大范围的用户，如果用美容类型的产品来做引流品，就可以覆盖更多的用户到店，可转化的客户基数比较大，后端转化的客户量级也就上来了。再比如一个牙科医院，利润产品是牙齿种植，如果你是用牙齿种植的优惠券作为引流产品，可以很精准地引流到你的潜在客户，但是这个客户量级太小了。大多数牙科医院的引流产品都是洗牙，先让你对品牌有一个基础的了解和信任，然后再成交更高端产品。

第二级：**黏性产品**。

用户从你这获得了一个与茶相关的电子书、一本减肥手册、一个1元的密训营……那么如何把这个用户黏到你这，持续地去产生付费呢？现在很多做同城探店的，用很多的引流产品，比如，9块9可以团100元的券，现在抖音上做得很火，卖出去了很多单，但是客单价都特别低，商家可能都是在贴钱做活动，这些用户到店之后，如何把他们留下来就尤为重要。如何建立起黏性呢？教给大家三个方法黏住你的客户！

第一个：他有钱在你这。什么叫有钱在你这？比如说有一个烧烤店，我带着朋友去吃烧烤，结账的时候，老板告诉我，如果我用当餐价格的4倍去储值的话，今天的消费就全免。我一次消费了200元，也就是我往储值卡里面一次性储值800元这顿饭就免费了。考虑到这家烧烤店的口味不错，位置离着也近，我就在这办了一张储值会员卡。当我再次想吃烧烤的时候，就会来到这家烧烤店消费。这就是有钱在你这。对于有条件的门店建议一定要做好储值，储值是能够有效提升用户复购率以及转介绍的策略。储值也有几种不同的策略，我们常用的策略是：

（1）3~5倍储值当单免费。比如，服装店4倍储值免费穿衣、饰品店

私域浪潮式发售：
快速搭建私域流量成交和变现系统

5倍储值当单免费、餐饮店3倍储值免费吃饭，用户感觉很赚便宜，但其实就是一种打折的策略。

（2）储值有礼。对于大额储值一般都是做储值有礼的活动，比如充1000送1000，当然送的1000元并不是储值卡里面的钱，而是你采购的礼品。这些礼品或因大批量采购，或因过季采购价格其实会远低于各官方平台上的价格，所以1000元的礼品并未真的花掉你1000元。

（3）储值送券。送的券也分为两种：一种是产品的抵扣券，比如火锅店送你10盘肥牛卷，但是每餐只能使用1张，满200元就可以使用，也是一种锁客产品。另一种是产品的折扣券，比如充500元，送价值500元的折扣券，可以拆分成10张满300减50的券，相当于又锁定用户10次到店消费的机会。

（4）储值送储值金。这个比较简单直接，不好的一点是，商家的成本高而顾客感知的价值并不高。有一些商家做活动充值多少送多少，比如充值500元卡里面就是有1000元的储值金，基本上是没有利润的，充值送储值金是最不推荐的一种储值方式。

第二个：有福利在你这。比如，你是做烘焙的，你设计了一个9块9领蛋挞的活动，然后每天到店都可以免费领1个蛋挞，这就是用户有福利在你这，有福利在你这，黏性自然就出来了。比如，你是做知识付费的，可以做一个年度的付费专栏，每周更新一次课程，这个付费专栏其实就是一个黏性产品，在这一年的时间，因为这个黏性产品，我可以和我们的客户有更多的互动。再比如，你是做高端装修的，那么我们可以推出一个每周的线下插花的沙龙作为会员福利，这些都能够增加和用户之间的黏性。

第三个：有积分在你这。用户每次消费完都可以获得积分，这些积分可以兑换礼品，那么他就会时时刻刻惦记着，黏性自然也会上来。绝大多数的购物中心都有自己的积分商城，比如消费积分可以兑换停车券，但是积分的功能运用好的很少，消费者都不知道自己还有多少积分，积分可以得到什么。有一个奢侈品包包品牌，做用户的积分留存就做得特别好，在商城或者门店消费之后，积分是按照1∶1发放的，消费5000元，账户里就会有5000的积分，积分每个月可以兑换一支护手霜，价格还不低，这样就锁定了用户每个月前来门店领取礼品，有效激活和召唤用户。

当客户黏性上来以后，你们之间的信任值就会大增，无论是复购还是转介绍，都是水到渠成的事。

第三级：利润产品。

利润产品，这个比较好理解，你的什么产品赚钱，它就是你的利润品。对于做知识付费的来说，线上高客单训练营、线下高阶课程就是利润产品，这些产品能够大大提升你的利润值。对于美容门店来说，进店的项目套餐就是利润产品，所有前端引流产品、黏性品都是为成交利润品而设计，当然除了利润品以外，一小部分概率会转化到超高客单价产品上。

第四级：超级赠品。

我们在去成交利润产品的时候，还需要设计一个超级赠品，超级赠品通常是隐藏在利润产品背后的。怎么理解呢？比如说现在报名训练营，我们就赠送5本内部资料；现在报名，我们又送线下原价19800元的一个课程的录播课。用户就会觉得现在报名训练营（980元），简直超值，这就叫超级赠品。

有个母婴品牌，货架上摆着不同品牌的奶粉，其中有一个品牌的一个种类奶粉的定价特别高，差不多是普通奶粉的3倍左右，那个种类的奶粉很少有宝妈会下单购买，但是做活动的时候店长会将这个种类的奶粉作为赠品，买 3 罐一般的奶粉就会送 1 罐这个价格特别高的奶粉。

超值赠品一定是稀缺、限量、高价值的产品，这类产品并不一定是你自己品牌的商品，比如 2022 年贵州推出一个政策，购买新能源汽车，凭借发票可以获得平价购买茅台的名额，10 万～20 万元可以获得 6 瓶飞天茅台的购买名额。

超级赠品我们只能赠送，千万不要卖。如果你的超级赠品对外发售，就失去了价值的锚点，大家只会觉得这个产品只值 100 元、200 元或者你标定的价格，这点一定要注意！超级赠品的核心作用就是促进利润品或者超高产品的成交。

第五级：超高产品。

超高产品一方面是来做价格的锚点，另外一方面是来提升我们的客单价。因为总会有人希望得到更好的服务，这句话大家一定要理解。比如，我们现在做私域培训，那么我们的更高客单价就是我们的咨询、私教、代教等，有很多人直接找到我们，请我们帮他们做企业的咨询、私教或者是带教。这个过程，就是为了让用户对我们产生更高的认知。

比如我现在推出来的一个产品，单天的一对一的咨询收 30 万元，这 30 万元收不收得上来都没关系，但是大家看到了尹老师一天的咨询费就是 30 万，现在有个 4 天 3 夜的线下课程，还是尹老师直接去交付，只需要 9800 元，是不是就会觉得超值，想来上课？这其中对标的，就是这个 30 万元的价值。这就是产品设计中的漏斗模型，同时也是产品的递进关系。

在餐饮菜单中也会经常使用这个原理。比如，原来的素菜中价格最高的是 59 元一份，使用超高产品原理之后，再设计一个 89 元的素菜，你会发现原先用户很少点的59元一份的菜品，点单量提升了25%。一方面，超高产品可以得到更多的利润，另一方面，超高产品可以用来锚定利润产品的价值。

2.2.3 产品体系要根据价格滑梯和价值滑梯去设计

如果我们要在现有产品体系里去设计其他产品的话，会设计什么类型的产品？记住：无论设计什么类型的产品体系，都要根据价格滑梯和价值滑梯去设计前后端的产品。随着你的产品体系的完善，能跟别人竞争的就是你的产品体系，而不是单一的产品。

这里有两句话要告诉大家：

第一，维护老客户比拓展新客户更重要。因为只需要付出20%的精力就能维护80%的老客户，但是你需要花费80%的精力才能拓展出来20%的新客户。

第二，成交数量比成交金额更重要。比如你现在卖一个9.9元的产品，一次能卖出去1000单，你能够收到9900元；但现在，你还有另外一个产品，是990元，然后你能够卖出去10单，也能够收到9900元。那么，这两个产品你会选择卖哪一个呢？虽然最终成交的收款金额都是一样的，但是一定要卖这个9.9元的产品。为什么呢？因为用户在9.9元的产品体系里面，跟我们建立起来信任关系之后，再去卖990元的产品，卖出去可能就不只是10份了，有可能卖出去的是100份。这其中告诉我们的道理是，成交数量比成交金额更重要。先做数量，先让更多的人体验到产品，然后再转化更高客单价的产品，这样的成交逻辑才是正确的。

很多人觉得，产品的客单价越高，是不是就意味着成交的阻力越大？其实并不是！当这个人最开始接触到你的产品时，成交抗拒的阻力才是最大的。比如买你的书，买你的试用装，买你的音频和自学的一些课程，此时，这个阻力是最大的，因为他对你、对你的产品一无所知。随着对你的产品、你的课程的使用，逐渐建立起对你的信任之后，用户付费的阻力就会越来越低，甚至是你出一个新品，他就会立刻下单。

2.2.4 构建你的产品力模型

如果你是一个小的门店，或者你的团队比较小的话，那么你只需要三级产品体系就够了——引流品、利润品、拓展品。

比如说你是做餐饮的，引流品可以是免费的凉菜、9.9元的特价菜，利润品就是酒水和其他的菜品，拓展品就可以是会员储值。假如你是做4S店的，那你就可以用免费洗车、免费的玻璃水来引流，引流到店进行车辆保养或者置换新车，你的拓展品可以是相关联的车险、房产合作、扶贫项目等。假如你是做月子会所的，引流品就可以是免费的待产包、免费彩超、折扣券等，引流到店后，卖你的月子套餐，而你的拓展品可以是其他的母婴产品，比如早教。

这部分内容看完以后，大家一定要认真思考一下，自己的产品体系应该如何设计，这个非常重要！

2.3 四件套升级，让用户更好地认识你

2.3.1 朋友圈没有人，只有人设

当我们在朋友圈里卖货的时候，卖货的核心是我们的人，是用户对我们的信任！

朋友圈没有人，只有人设！人设的本质就是把自己塑造成一种形象来迎合别人喜爱。也就是你的潜在用户喜爱什么类型的人，你就要在朋友圈里面展现出来这种形象，去迎合他们的喜好。

举个例子，做个人 IP 的孔辉，他是极客农场的掌柜，根据用户画像，他用了四个方面的内容来做他的人设。

首先，我是谁？——孔辉，极客农场的掌柜。

其次，我能为你提供什么？——为你提供绿色、有机、安全的食物，使命是亲手为城市家庭做安全放心的食物。

接着，为什么值得信任？——复旦医学硕士，原卫生部公务员，后辞职回乡做农场。对产品负责任，每天都会去农场实地考察并拍摄短视频。

最后，为什么你会喜欢我？——我性格朴实、专业、热心。

这样一套人设做完，用户一旦加到我们的微信，看到我们的人设，就会

私域浪潮式发售：
快速搭建私域流量成交和变现系统

对我们产生最基础的信任。如果我们要去写自己的个人 IP 的定位，也可以围绕这几个方面进行打造，根据用户画像去思考：你是谁？你能为你的客户提供什么？客户为什么信赖你？客户为什么喜欢你？

如果我们是做大品牌的微信号矩阵布局，那么就必须打造多角色 IP 矩阵。比如美妆类目的，我们就可以打造出美妆顾问、美容师、美妆达人、店长、创始人等；食品类目，比如美食达人、营养顾问、营养管家、营养师、店长、经理等；大健康类目的，比如养生顾问、专家、养生管家、理疗师、技师、店长等；服务行业类目的，比如顾问、资深顾问、专家创始人等。

这种多角色在什么场景下最常见？当你去理发店的时候，接待你的人会问你是找我们的设计师、首席设计师还是设计总监？你也不知道这三个有什么区别，但是一听名字就知道设计总监最厉害，如果你的预算足够的话，肯定会找最好的。

所以这种多角色的矩阵比较适合于连锁的大流量体系。比如你是做定制服装的，在前端做流量的人，就会承接不同的渠道倒过来的流量，这个流量是不精准的，但是你可以通过这个不精准的 IP 账号，再往资深设计师、专家顾问上去转化。根据之前获取的信息，告知客户说我给你申请到了我们资深搭配专家的一对一诊断，你什么时候有时间，我给你约档期……这就是用户培育和精准转化的流程。

微信号矩阵布局可以是多层次、多数量的，根据与顾客的关系设定角色号，每一个角色都可以再设定多个层次，层层递进。

以上是关于个人号定位和微信号矩阵布局的简单介绍。其实很多人的个人号从头像、昵称、签名、背景页都是不合格的。当你想做一个卖货的个人号时，当你想做一个卖货的私域场时，都要提前设计好这些细节，所有细节的设计目的只有一个——让我们的用户信任我们！

2.3.2 朋友圈四件套，升级你的发售场

（1）头像。很多人的头像都是用公司的 logo，这个行为非常不可取！为什么呢？你给用户点个赞，他一看到你的头像，就知道是个广告号，就会产生抵触心理，这种抵触心理是一种人性的使然，还未开始就已经开始抵触了，自然信任值就无从谈起，你做再多的互动都是无效的。

那我们应该如何做一个能抓人眼球的真人形象呢？首先要看着舒服，同时也能够传递信息，增加专业性，可以适当地加上品牌 logo。比如你在门店里拍的照片，你拿着自己写的书拍的照片，你跟自己的课程海报的合影等，当客户看到之后，会觉得你是一个真实并且专业的人。

举个例子，假如你是一名健身教练，你认为下面 3 种头像哪个更好？

A. 自拍照

B. 西装革履的职业照

C. 在健身房指导身材很好的同学时的高清照片

很明显是 C。为什么呢？因为用户在 C 中看到的是一个场景，有真人和专业的内容。

（2）昵称。一个吸引人的昵称要同时具备宜记宜理解、便于搜索、利于传播的特点，我们通常采用昵称 + 标签 / 功能 / 品牌的方法来起昵称。

比如，尹基跃｜《可复制私域流量》作者、瘦瘦｜让你躺瘦、啄修修｜

啄木鸟家庭维修。

（3）签名。你的个性签名如果还是留的电话号码的话，就完全是在浪费个性签名的作用。现在教你六个维度组合出一个高价值签名，提升你的价值。

①专业签名，比如"塑形教练"，直接说明自己的专业。

②行业身份，比如"运营总监"，这是一个职场身份。

③业务范围，比如"从0到1帮你搭建私域团队"，这里面包含的是我们的业务范围。

④提供价值，比如"学完让你年薪翻一番"，彰显的就是我能让你升职加薪的一种价值。

⑤企业愿景，比如"让每个学子得到最好的教育服务"，这是我这个机构的企业愿景。

⑥服务态度，比如"不满意包退款""没效果10倍赔偿"等。

从任意一个维度出发，都可以一句话塑造出我们的价值，大家可以想想你的签名，应该如何去设计。

（4）背景页。背景页四大要素是：真人头像、身份标签、个人成绩、权威认可。我的个人号的背景页，是用"我的10年"来做的，设计背景页的目的就是让进到我们朋友圈主页的人，知道我们是什么人，能够给他提供什么价值。这些价值塑造好了，用户就会主动来找我们付费。

所以，一定要把朋友圈四件套重新设计一下，让你的用户能够信任你。

2.4 打造高黏性朋友圈

思考一个问题,我们为什么要发朋友圈?朋友圈的作用是什么?朋友圈内容的作用就是:建立信任、静默影响、打造人设、发售成交。我们先来分析一下这四个作用。

2.4.1 朋友圈内容决定你的社交价值

(1)**建立信任**。要让用户经常看到你在做什么事情,对你有所了解,信任值才会比较高。我有一个朋友,他是做抖音达人培训的,他的朋友圈,三天打鱼两天晒网,想起来发一发,想不起来就不发了。我告诉他你这样的话,你的用户可能无法对你建立起信任,因为他们不知道你的能力怎样。把客户的成功案例持续地发到朋友圈,让朋友圈的好友看到你跟某个客户达成了什么样的效果,慢慢建立起信任关系。

(2)**静默影响**。什么叫静默影响?给大家举个例子,我在朋友圈里面买了一袋五常大米。这个人我加了她两年微信,我从来没有跟她互动过,没点过赞也没有评论过,但是我为什么会在她那下单呢?因为她朋友圈里面经常发她在五常的一些生活场景,比如五常下雪了,五常稻子熟了去割稻子了,慢慢地就把我影响了,觉得她就是在五常卖大米的这样一个人设,我要买正宗的五常大米，找她肯定没错，这就是静默影响的魅力。你的朋友圈好友虽然没有给你点赞，没有跟你互动过，但是你发的每一条朋友圈都在默默影响着他们。当然，这种影响有正向的也有负面的，如果你的朋友圈的内容质量很好，那你的好友肯定愿意追着看，此时就是在正向地去影响这个人。反过来，如果你的朋友圈内容质量很差，都是广告，都是营销信息，那么这些朋友圈内容对好友的影响就是负面的。

（3）打造人设。我们说过"朋友圈里面没有人，只有人设"，所有通过朋友圈的成交都是基于人设的成交。就像两个人去相亲，加了好友之后，第一步就是看对方的朋友圈，如果你的朋友圈是三天可见，那么他能够对你有一个更全面的认识吗？不可能的！

（4）发售成交。好的发售成交文案，能够帮助我们更加快速地去做卖货。

如果用三句话来概括，朋友圈内容的作用就是让用户从认识我们，到认同我们，最后再升华到去认购我们的产品，这是一个循序渐进的过程。无论你是做什么产品的，都要从这几点去设计自己的朋友圈四件套，让朋友圈好友在循序渐进的过程中认识你、认同你、认购你。

朋友圈是你的第二张名片，直接决定社交价值！大家一定要好好利用。

2.4.2 如何设计用户追着看的朋友圈内容

用户为什么要看你的朋友圈？四个词：有料、有用、有趣、有利。

绝大部分人打造朋友圈都会遇到五个问题：无圈可发、发圈混乱、活跃度低、缺乏特色、难以打动人。

我们知道了朋友圈内容的作用和价值，又应该如何去打造高黏性的朋友圈呢？这里给大家分享朋友圈运营的核心技巧，主要是从定位、内容来做。

先来说**定位**。

首先你要设计一个自我介绍，这个自我介绍就是你的个人定位。以我自己为例：

姓名：尹基跃——《可复制的私域流量》作者。

标签：《可复制的私域流量》作者，目前已有近十万读者，私域研究创始人，已培养1万+学员。淘宝教育、新榜、有赞、360商学院讲师。

个人经历：作为首席私域专家，定制化私域流量服务，如湖南卫视、九阳集团、雀巢、茂业、绿地、阳光保险等品牌。

每个人都要有一个自我介绍，在设计自我介绍的时候，一定要从这几点出发，第一，亮点，只写你自身最突出的1个亮点；第二，证明点，证明我服务过哪些人，证明我有哪些能力；第三，利益点，让好友看了我们的自我介绍之后，就知道能够得到什么利益。

来看一个例子。原版是："通过一对一的辅导，帮助无数女性学会科学瘦身。"这句话没有问题，但是我们通过刚才的方法来对其做一个改善："专注女性健康瘦身十年，一对一辅导练习帮助×××位女性成功实现科学瘦身，其中有×××位实现单月瘦身20斤。"跟原版对比一下，是不是瞬间感觉就不一样了呢？

所以，你在去思考自己能够给别人提供什么价值的时候，一定要注意这几个核心的点——塑造权威性、数字化呈现、结果化对比和真实案例。那句"专注女性健康瘦身十年"是一种权威，"一对一辅导练习帮助×××位女性成功瘦身"是数字化结果对比,"有×××位实现单月瘦身20斤"是结果化对比。

接下来再来看朋友圈日常**内容**应该如何去设计。

朋友圈内容这三类必须要发,第一个是秀"肌肉",第二个是拉互动,第三个是晒案例。

第一个是秀"肌肉"。这个比较好理解,比如,我们的品牌又获得了什么奖;我们的产品又获得了什么样的专利;某某某在我这学了一个课程,然后用了一场活动就发售多少钱,这都是秀"肌肉"。

第二个是拉互动。比如点赞、抽奖、送福利、提问、互动、求帮助,这些都是我们和用户建立互动关系的场景,给用户一个与我们互动的机会。要知道,用户不是不愿意跟我们互动,而是因为他没有机会跟我们互动。

第三个是晒案例。就像很多乡村里面的老中医,店里挂满了各种锦旗,大家一进来就知道谁已经被医好了,老医生的技术有多么的高,这些锦旗就是非常靠谱的案例。

给大家介绍一下我自己平时发朋友圈的9个重点动作。

①点赞抽奖送福利。这是我们常用的一种与用户高互动的方法。

②有价值的内容。这个内容虽然与用户的互动率低,但是用户的信任度高,有价值的内容会让你的用户感知到你是一个专业的人。

③个人日常有趣的生活。日常的生活、旅游、运动等这些有意思的生活场景,让用户感知到你不是一个机械化的只会工作的人,而是一个活生生的有趣的人。

④用户见证。比如用户的转账截图、用户的成交记录,其他用户看到我们的用户见证之后,也能够信任我们。

⑤早起运动、读书等正能量的内容。你要在自己的朋友圈里面塑造出来，你是一个有能量的人，对别人有帮助的人。如果一个人每天能够早早起床，去运动，去看书，我就会觉得这个人的其他方面也不会太差。

⑥有思想哲理的句子。这种内容我们称之为高认知的朋友圈内容，也就是你对某件事情的深度思考。举个例子，比如你对创业的思考、带团队的思考、对学习的思考……这些都是高认知的内容。当然，这个对个人要求会比较高，如果你现在做不了，可以先去看看别人是怎么做的。

⑦专业知识的展示。专业知识我们都知道，但是如何能够在短时间内让用户看到你的专业能力？这一个点特别关键！

⑧产品展示。我们做朋友圈的最终目的就是成交，日常不可避免地要去晒一些产品、一些活动，把握好度即可。

⑨活动发售。这个就又回到我的发售的内容设计了，这里不再赘述。

2.4.3 掌握发朋友圈技巧，让你事半功倍

很多人发愁，我要从什么地方来找朋友圈素材？这里给大家介绍一个好用的软件，叫微商水印相机，里面的素材分类很详细，而且还可以把内容素材做分组。比如你们门店里一共有10个人，这10个人都可以加入这个素材小组，然后在这个素材小组里，她们能够获取到朋友圈内容，这些内容是可以直接一键转发的。

那么发圈频次应该如何界定呢？有些人可能觉得每天发的越多越好，最好一天发个十几二十条。我不建议大家每天发这么多。当然，如果你有很强

的内容生产能力，而且每一条内容的互动率都特别高的话，你发10条是没有问题的。我们要考虑的是发圈的时间成本和效能是否成正比。

我们推荐发3～6条。如果发得太少，用户看不到你；发太多的话，会造成用户的反感，朋友圈质量也跟不上。所以，我们一般是发3～6条。

什么时间发朋友圈比较合适呢？我们根据用户每天的时间表，选择下面四个时间点来发比较好：早上起床到公司、午休、下班回家、晚上睡觉，因为这四个时间点是用户刷朋友圈最多的时间点！

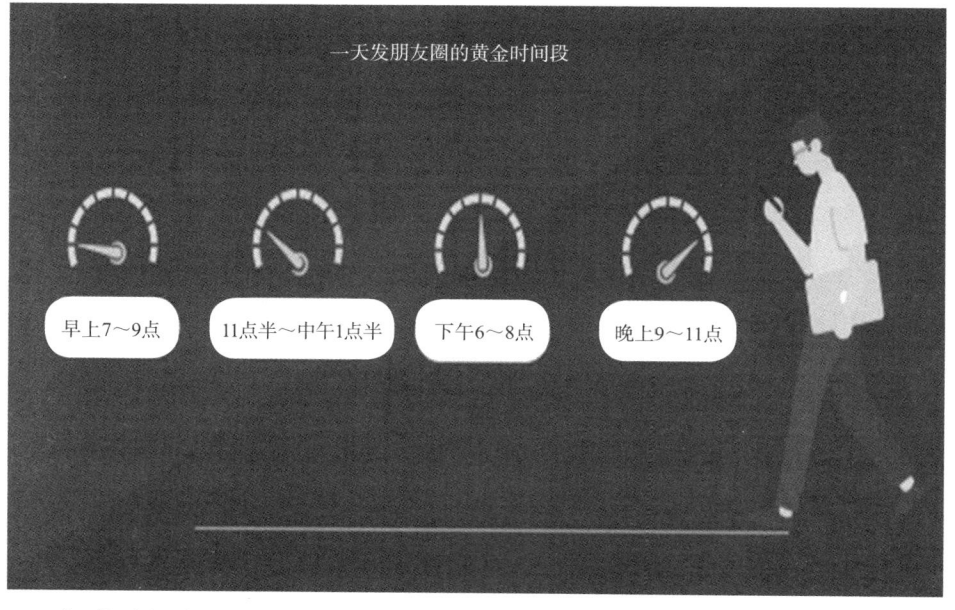

一天发朋友圈的黄金时间段

早上7～9点　　11点半～中午1点半　　下午6～8点　　晚上9～11点

知道时间点了，那我们每个时间段应该发什么内容呢？如果你是刚开始学习发朋友圈的话，一定要做一个一周朋友圈内容规划表，根据下面这个表格去思考每个时间段，每个朋友圈具体应该发什么内容。

第二章 四维发售场改造技术，升级你的发售环境

周一	周二	周三	周四	周五	周六	周日
早上7~9点（起床后—上班路上）							
鸡汤/段子	励志段子	早晨能量	鸡汤/段子	励志段子	早晨能量	休息
中午11点半~中午1点半（午休时间段）						
专业干货	专业干货	专业干货	专业干货	专业干货	亲子时光	兴趣展示
下午6~8点（下班路上—回家休息）						
客户评价	服务客户	产品推荐	销量展示	案例解析	学习输入	生活趣闻
晚上9~11点（躺在床上）						
工作总结	工作表彰	口碑见证	服务客户	一周复盘	家庭亲情	学习社交

当然我们这里面的小类目并不是完全按照这个去写。比如，鸡汤段子，如果你是一个专家IP，那就要少发段子，更多的内容是体现你的专业能力。

有了规划，就能解决无圈可发、无内容可发、发圈混乱等问题了。我们可以根据规划表，再结合天天朋友圈这些软件，提前准备好素材，这样就能打造出一个高质量的朋友圈了。

以上是微信号成交的要诀——用"人设+内容"和客户交朋友。

2.5　标签系统，知道你的用户是谁

在做用户关系管理的时候，很多人都忽略了标签体系，没有对用户打标签或者标签体系不完善。这样的情况下，我们后期很难精准地跟进用户，对用户进行激活。

标签修改方式有两类，一类是在用户的昵称上面直接修改，比如我们备注用户是 A 类、B 类还是 C 类、D 类，甚至 E 类、F 类，在用户的昵称前面打上 A、B、C，你就能够知道你的用户是谁，他是你的哪类人。如新加的好友，你打个 A，随着购买行为，我们可以给他逐渐升级成 B、C、D……再比如忠实的客户，你打个 E，经常转介绍的人打个 E1，刚想入行的人打个 E2，有直接合作的人打个 E3，这样的标记也可以。前提是你得提前设计好自己的标签体系。

A 微信好友	B 目标客户	C 意向客户	D 购买客户	E 忠实客户	F 社交关系	G 核心人脉
A1 刚加新好友	B1 客户群体	C1 已沟通但犹豫	D1 看了就买	E1 帮转介绍	F1 同事	G1 优质人脉
A2 已做过介绍	B2 理想客户群	C2 疑虑没打消	D2 问过购买	E2 想入行	F2 家人	G2 贵人朋友
A3 已获得好感	B3 梦幻客户群	C3 不表态不说话	D3 经常购买	E3 有直接合作	F3 朋友	G3 合作伙伴

另一类是修改备注。

我的一个朋友，她的朋友圈里一共有不到 2000 人，但是标签就有上百

个。她按照不同的渠道、不同的意向度以及购买情况做了不同的分级，0级就是同城群加的人，1级是动销，2级是知道产品但没有购买意向的，3级是平时聊得不错的但还没开始购买的，4级是答应买又悔单的，5级是成交顾客……这样打完标签后，客户的情况就一清二楚了，后续的成交和激活也更精准了。

备注的目的就是我们的标签的目的，标签的目的是让你能够分组发朋友圈，分组精准触达。

如果你还没有做标签的话，那么，现在就要想想自己的标签体系应该如何设计，什么样的客户，给他打什么标签，昵称怎么备注，标签怎么修改……通常，我们做这些都是要有一个参考值的，第一，以这个用户购买的次数为依据，有没有购买过，购买了多少次；第二，付费的金额，累计付了多少钱。剩下的就是针对自己比较关注的点来设计了。

第三章
产品价值塑造技术,让用户渴望得到你的产品

3.1 打造可感知的价值呈现

为什么你的产品明明很好,而且用过的客户有明显的效果,但是你的客户就是不买?很大一部分原因就是你的客户并不知道你的产品能够给他带来什么样的价值。

产品的价值是塑造出来的!你的产品再好,也需要去塑造它的价值,让消费者不仅知道你有这个产品,而且还知道这个产品对他有多大的价值。

3.1.1 如何塑造产品价值,让用户主动购买

我们再来回顾一下前面章节的内容,构成产品的四个要素:产品针对什么人,解决用户的什么问题,收多少钱,以什么形式来交付。

以我们的一个 21 天的私域发售特训营为例。

这个产品针对什么人:这个训练营针对的就是那些有产品、有流量,希望通过私域发售的流程去打造一套他自己的产品发售体系的人。

解决用户的什么问题:学员有产品,但是销量没有那么好,用户的购买率没有那么高,希望拥有一套流程能够提升他们的销量的问题。

收多少钱:我们以 1280 元的价格来给我们的用户提供一个私域浪潮式发售技能解决方案。

以什么形式来交付：通过训练营的形式，陪伴式的学习，让他们拿到一个结果，最终能够制定适合自己产品的一种发售流程以及发售方案。

这就是产品。产品和产品体系是不一样的，产品是单一的一个产品的形态，产品体系是多级的，是 ABCDE 逐级往上提升的。

产品体系是推进客户信任的工具，所以在打造产品的时候，还要考虑两个核心要素：产品的交付感和传播性。如果你的产品没有符合这两点，那么你在做用户的转化、用户的可持续获取的时候，就会遇到很大的问题。

（1）**交付感**。我们现在刷抖音的时候，是不是看到了很多网红店、网红打卡地？为什么这个餐厅要装修成这个样子？为什么他的菜不盛放在盘子里，非得放在铲子上？用盘子上菜是一个传统的交付形式，但是换一个铲子去交付的时候，这个产品就具有了一个创新的交付形式，而且具备了传播性，创意也很新颖。

如果你去吃东北的地锅鸡，上菜的时候服务员拿着轿子抬着这个鸡，然后敲着锣给你送过来，这个过程是不是很有感觉？这就是一种交付感，也是一种传播性。

你的产品的交付感是什么？比如说我们 21 天训练营，我们的交付感就是和大家这种陪伴式的教学、陪伴式的成长。我教你学，再来做一对一作业点评，同时在群里互动，回答大家的问题。这就是一种交付的流程，虽然繁琐，但是学员肯定能够有获得感。

（2）**传播性**。还以我们的训练营为例，训练营是我们的主产品，而我们延伸出来的 1 元的旁听生群，在招募旁听生的过程中产品就有了一定的传播性，这个旁听生产品就负责了前端的传播性，传播性是大产品体系里面的一部分。传播性也可以理解为裂变,如何让用户产生传播,并且能够帮助你介绍更多的潜在客户,这个非常重要。

3.1.2 筛选"高价值"用户

筛选大于运营,先让用户建立对品牌的认可与信任关系,产品价值才能体现出来。

在去做产品体系的时候,为什么要设计5级产品体系?为什么要设计引流品、黏性品、利润品、超级赠品、超高产品?目的只有两个字:筛选!但是绝大部分人都没有做这个动作,所以识别不出来哪些人是高价值客户,谁在他这买过多少东西。

给大家讲一个案例,听完这个案例,你就知道筛选的重要性了。有一个位于县级市的牙医门诊,在当地经营了十几年,两个门诊加在一起大约有60位员工,好友数量大约1.9万人,其中一个门店迁址重新开业,于是我们给他们设计了一套成交产品体系,引流产品只卖出去了1648单,约5万元,但是后端的种植牙和正畸项目2天成交了约460万元,高客单转化率高达55%。

因为口腔行业的特殊性,无信任是不会有后续成交的,所以此次活动成功的关键在于筛选出有需求的用户,这个时候,门诊系统的标签功能就起到了很大的作用,我们将最近2年来到过诊所咨询、检查未治疗的客户,根据标签全部筛选出来,并且细分成种植、正畸、修复等,重点跟踪邀约。用户的标签体系帮助我们快速锁定有需求的用户,我们用低价的产品将真正有需求的用户吸引过来，再通过一系列的服务和活动优惠，抓住用户，达成高客单价的成交。有了用户的标签和分层，我们就能用很少的精力获得非常大的收益。

不管你是做装修的，做美容业的，还是做餐饮的，都可以把标签体系做起来，可以是买过与否、消费频次、消费金额、转介绍率等。如果这个人在你这买过，你给他打个B，然后他有给你转介绍客户，是不是说明他对你这个品牌很重视？那你就给他改成C，他又往上升了一级，然后对于C类的用户，你就要重点去给他服务，甚至你完全可以把他的生日记下来，每当他过生日的时候，你就可以用短信祝贺他，并且寄出一份小礼物，这个礼品不用很贵，成本大概二三十元。你给他哪怕寄十年也才花二三百元，但是这十年，他是跟你紧密绑定在一起的，他给你带来的利润可能会是你成本的百倍都不止。

筛选出的高价值用户，才是对我们产品高度认可的人，这些人能够帮助我们效果外现。

3.1.3　产品流量转化系统的核心逻辑

产品系统决定流量系统，流量系统决定转化系统。

这三者之间的关系，我用一句话给大家概括：**产品系统决定了你要从哪去获得流量，流量获取之后要设计不同的转化路径**。这就是产品流量转化系统的核心逻辑。

给大家简单举个例子。比如做线上课程的，他有了这个产品之后，就

私域浪潮式发售：
快速搭建私域流量成交和变现系统

需要做流量，2019～2020年，互联网上出现了大量的投放，买了大量的公众号直接发广告，一次3000～5000元。投放完之后，把这些家长通过9.9元引流课的形式加到他们的群里面，然后进行快闪群的交付，交付完成之后，再秒杀他们的更高阶的课程，这就是他们的转化系统。

在这个转化的过程中什么最关键？——营销！

转化系统是由营销系统决定的。营销系统其实是两个系统——营系统和销系统。营是策划，销是流程。营系统是打造一个产品，为了让这个产品更好卖，销系统是通过某种流程把这个产品卖出去。

比如我们打造21天特训营的时候，它的课程设计、包装设计，它的课程排版、课程大纲、海报物料都属于"营"，也就是在策划。那么销呢？销就是我们用了几个前端的销售，他们用什么样的话术、什么样的流程来促进用户的成交。二者是完全不一样的。营，更侧重于后端的策划，策划完之后，让前端的销售按照设计好的流程直接去执行。

如果你是个体创业者，就需要同时具备营的能力和销的能力。如果你是一个连锁品牌的老板，那么你需要制定营系统，然后给你的前端培训销系统。

我的一个学员是做儿童鼻炎项目的，那么他要做的就是制定一个目标，设计一款产品，找到流量获取的方法，设计好成交的主张，然后赋能给门店的终端团队，给到店长和店员，设计好销售技巧、话术、客情维护技巧等，同时采用奖罚激励、督促团队执行，从而达成销系统。

营系统包含这一场活动所需要达到的目标，你要设计一个什么样的产品，找到流量获取的方法，同时采用什么主张来达成交易。

仍然以我们的训练营为例，我们的目标就是60个人，产品就是14天线上课+7天线上实操发售PK，这个结束以后，还有30天的陪伴式的运营，而流量获取的方式就是我们前端设计好的9.9元的体验课、1元的体验课。我们在这个前端产品里给用户建立起更高的价值输出，然后再给一个成交主张——限时限量，一对一作业指导，这样我们的营系统就全部设计完毕。在前端的体验课中，我们会分给不同的销售团队去执行不同的话术和流程，采用不同的销售技巧，把控好团队的执行能力，做好客情关系的维护，最终用奖罚激励去完成整个销系统。

	策划	流程
转化系统=营系统+销系统		
	制定目标	销售技巧
	产品设计	团队执行
	流量获取	客户维护
	成交主张	奖罚激励

销最重要的就是成交，即信任+需求。这其中，需求我们无法影响，但是信任却是可以打造的。打造好信任背书以后，紧接着就要设计朋友圈内容，根据他们的痛点去设计成交转化，设计标准化的流程。有了流量之后，我们要知道如何观察用户，引导互动，去转化成交以及持续性做优化。期间也要不断复盘不断优化，如此往复，一个相对完美的转化系统就打造出来了。

3.1.4　三个产品包装技巧，教你打造爆品

我们应该从哪些角度去包装产品呢？给大家举几个例子。

案例 1：小罐茶大师作

小罐茶为什么能卖这么贵？第一，改变了茶的交付形态。原先大家去买茶，要么是茶饼，要么是成盒的，要么就是散装的，但是小罐茶开创了一个新的载体。它用一个精致的小罐，把一泡茶的量放进去，方便携带的同时看上去又比较高档。第二，用"大师作"来进行价值包装。这是由 8 位国家级的炒茶大师监制的，那么这个小罐茶的品质应该不错，值得购买。

案例 2：72 小时慢产蛋

鸡蛋大家都吃过，这是我们日常生活必不可少的蛋白质来源。我现在给它加一个定义——72 小时慢产蛋，原生态、无公害。用户一看，哇！这个蛋要生 72 个小时吗？瞬间就勾起了用户的好奇心，当他有了好奇心之后，再告知他慢产蛋跟快产蛋的区别，它的价值营养和口感跟你平常吃的鸡蛋不同，是蛋中之王。这个产品就是包装了产品生产的背景，把鸡蛋从开始成型到一步步长大，最后到它生下来需要的时间，进行了价值的包装，做成了卖点。

案例3：可以喝的冬虫夏草

曾经在深圳的机场看到了这个广告牌——可以喝的冬虫夏草。当时完全颠覆了我对冬虫夏草的理解，固有的思维里，冬虫夏草就是用来熬汤喝的。但是这个广告中的冬虫夏草是完全不一样的，它萃取了冬虫夏草的精华，制成了可以喝的饮料，一罐里含12支冬虫夏草，这就是换了一种交付形态，更方便食用和携带。

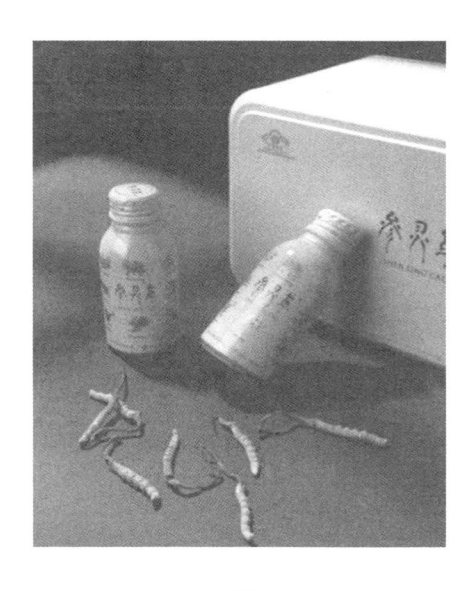

案例4：北纬40度黄金牧场，成就高品质奶源

常年温暖的日照和舒适的气候，令北纬40度成为世界公认的"黄金奶源纬度带"，汇集了世上最优质的草原和牧草。特仑苏的专属牧场，正坐落于得天独厚的黄金奶源纬度带之上，享受北纬40度独有的阳光气候，以及海拔1100米之上的优质土壤，每年拥有近3000小时的和煦阳光，并有着温暖怡人的暖湿季风性气候。这个对于特仑苏的价值包装就是基于它独有的地理位置、独有的气候环境去设定的。那么你的产品有没有类似的价值？肯定有！只不过你没有把它给提炼出来。

案例5：私域掘金盈利系统

它本身就是一个课程，可以叫私域流量公开课。为什么我要把它加上"掘金盈利系统"呢？就是要给用户植入一个概念，它是能够掘金盈利，让你赚钱的。

案例6：流量地图

不知道从什么时候开始，大家动不动就搞一个私域流量地图、视频号地图、微信地图、企微地图……地图是什么？一个新的交付载体。可能原先也有地图，只不过是一个电子版的。但是自从有人把它设计出来一个纸质版的，而且还在全网去卖后，就颠覆了大家对它的认知。当然，你也可以出一个羊皮卷，把它放到一个小盒子里，然后给这个盒子再配一张卡片。这个卡片是一个线上课的礼包，你买羊皮卷送你一张掘金卡。是不是又是一种产品的形态呢？

以上就是几个产品的包装技巧。我们来汇总一下它们都用了哪些包装技术。

（1）**概念包装**。你的产品或者是服务可以通过产品卖点、生产形式、交

第三章 产品价值塑造技术，让用户渴望得到你的产品

付步骤，包装和打造出一个独特的概念，这就是产品的概念包装。比如：

知识 IP 密训营，"密训营"是一个概念，它同样也是给用户的一种暗示，一种新的交付形式，用户就会觉得这个密训营应该不错。

顶尖人才孵化系统，我做的不是一场培训，更不是去招私教，而是设定了一个人才培养计划，要把这些人培养成行业的顶尖人才，叫顶尖人才孵化系统。你听了之后是不是觉得很高大上？

五段私域成交系统——我们交付的步骤。哪五段？你是不是可以包装设计一下？之后你在任何场合都讲谁使用五段成交系统达到了什么样的一个结果，然后把这个概念和你自己做一个锚点，打造出一个你独有的概念。

低过氧饱和脂肪酸牡丹籽油，这也是一个独特的卖点，这里面肯定有一些元素是花生油、玉米油不具备的，这也是你的产品独有的一种概念。

你要去思考自己有什么概念可以用，这种概念都需要一种组合能力。比如五段私域成交系统，它是一种交付的维度，也是一个交付的流程。关键是你的产品独有的概念能不能提取出来。

（2）视觉包装。像小罐茶，它的视觉包装跟别人不一样，原先大部分的茶叶都是散装的，或者是一大罐的，现在换一种形式，做成小罐的独立包装，这和用户的固有思维完全不一样，给人耳目一新的感觉。

生财有术团队开发了一个产品：生财日历，它是以日历的形式去表现生财有术知识星球里面的核心内容。那么，我们是不是也可以做一个私域日历？家装日历？健康日历？做出这个日历之后，过年的时候就给这些老客户去赠送，这样就把原先我们跟客户去沟通的一些内容、教育客户的内容，换了一种形式去呈现。

如果我们自己开发一个产品：私域掘金模式扑克牌。如果我设计了一个

模型图片，然后把这个模型图片卖给你，然后收你 199 元，这个时候你就会觉得，就几个电子文件还收我 199 元？此时，用户是感知不到它的价值的。但是，现在把它做成了一副扑克牌，当你遇到困难的时候，就拿出来所有的扑克牌，把你此时的问题对应着什么模式，排成一个组合，然后就能够诊断出来你的私域流量遇到了什么问题，应该用什么样的方法去解决这个问题。这样它就变成了一个工具，表现形式不一样了，视觉包装呈现的形式也不一样了。

（3）**交付包装**。交付的过程可以设计一个独特的体验流程，举个例子——茶叶纸杯。我们大家都知道，如果是办公室里面来了客人，你给他沏了杯茶，里面直接放上茶叶，水面上会一直飘着茶叶，喝的时候会造成困扰。但茶叶纸杯就能很好解决这个问题，它把茶叶固定到茶杯底下，这样茶叶就不会漂浮起来了。这就是对交付体验进行了创新。

随时灸是艾灸的一种形式，平常你如果想做一个艾灸的话，你可能要坐着、要躺着。但是现在不一样了，你把这个设备随身带着，想做艾灸的时候，随时拿出来，往身上一贴，就可以直接进行艾灸了，这种叫独特的体验。

以上是关于产品设计时的包装技巧，我们在设计产品的时候，一定要有某一个点/某个东西，能够让用户感知到产品的价值。

为什么我们没有再继续开私域流量实战班，或者是私域流量 21 天训练营呢？因为我们在实操的时候发现，私域流量的训练营针对的用户面太广，而且里面有很多不可控的因素，用户学习完之后，他的获得感相对来说是比较差的。但是如果我们把私域流量运营过程中的核心环节——发售环节拿出来设计一个课程，然后再进行系统的培训，就会发现用户获得感很强，实操性和最后的成果展示也都很好。也就是他只要用，就有效果，这叫效果外现。

一家舞蹈机构，它的价值如何呈现呢？有人说能够对孩子身体有帮助，能够让孩子更健康。这个能在短时间内显现出来吗？很明显是不能的。那应该怎样来设计它的效果外现呢？最有效的形式就是客户见证，让客户来给你证明。小朋友舞蹈班下课了，老师把这些孩子叫过来，让他们回家之后给爸爸妈妈跳一支舞。爸爸妈妈看到孩子竟然已经学会了这么多的动作，跳得这么好，心里就会特别高兴。这就是在短时间内让用户看到效果。

再比如，做化妆品的，其效果也不可能在很短的时间看到，但是你的用户的见证和品牌宣传，却能够在很短的时间里，让你的潜在用户看到效果，从而达成转化。

3.2 产品设计的底层逻辑

了解了产品是需要包装需要价值塑造的，也理解了五级产品的模型，相信大家都迫不及待地想去设计自己的五级产品体系了。但是，先别着急设计，产品体系的设计并没有那么简单，我们接下来还要去深度思考产品设计的底层逻辑。五级产品模型只不过是目前比较常见的，当你明白了底层逻辑，就能设计出七级产品体系、八级产品体系，还会有更多的变种，所以我们要研究产品设计的底层逻辑。

3.2.1 产品设计的核心逻辑

当我们去设计一个产品的时候，有两个出发点：**一个是服务的深度，一个是用户的需求。**

用户说你今天帮我做私域，明天能不能给我做抖音？后天能不能给我做个小红书？这是用户的不同需求，我们叫作横向的服务。

如果用户说你给我做个私域，然后你给他做一个方案，他说你这个方案做得不错，能不能给我们做个咨询？然后你又给他做了个咨询，咨询做完之后，他们发现自己落地不了，说老师能不能给我们直接做带教？然后你又开始做更深的介入。根据服务的深度来设计的产品体系，我们叫纵向的服务。

这两个设计的逻辑是不同的。

我们来看根据服务的深度如何设计课程。

比如，现在我做了一本手册，叫作《发售盈利手册》，这本手册卖99元，同时我又打造了一个发售的课程，7节课加这本手册，最终卖199元；然后14节课加一本手册再加上训练，我们卖980元；再就是我们的一对一的方案的制订，我们对方案的全程指导，我收9800元……根据服务的流程，课程内容也越来越深。

你的产品能不能设计这种服务深度呢？以美容院为例，我们设计了面膜作为引流产品，这个面膜是前端的产品，是基础的体验，用户体验完这款产品后，觉得这个面膜美白祛痘效果不错，对门店产生了信任，于是想再购一个收缩毛孔的精华……随着日积月累的服务，用户越买越多，最终成为我们的年费会员、VIP会员，每年都会在门店消费储值，产品消费也越来越高端。

3.2.2 如何根据用户需求设计产品体系

我们一般会根据用户的需求，设计前、中、后三端的产品，比如，我们内部资料、低价课，就是我们的前端产品；训练营、付费社群就属于我们的中端产品；私教和顾问服务就属于后端产品。这些都是按照用户的需求来制定的不同阶段的产品。

当然，用户的需求和服务的深度是有一定关联的，我们的前、中、后端的产品随着客户需求增多，深度也会越来越大。

如果你是做茶叶的，那么去设计产品体系的时候，首先要考虑用户的需求,新手小白可能需要的是一款比较基础的产品;会喝茶的人需要的肯定是更专业更好的产品;如果是商务使用,那么又需要有其他产品……

也就是说,产品体系需要根据不同用户的需求来设计。

用户的基础需求被满足以后,随着时间的变化,需求会慢慢增多,我们的服务也会越来越深入,如何根据需求的深度来进行产品设计呢?接下来我们进一步解读。

为什么你的产品很多,每天疲于开发新的产品,业绩却仍然没有提升?像一部分做知识付费的老师,他的产品,今天是抖音课程,明天是私域课,后天是视频号的课程,大后天是文案课程。产品很多,但是为什么业绩却没有明显的提升呢?因为你的产品不符合产品设计的三个核心原理。

第一个原理是要聚焦,集中打造一个产品。因为人和团队的精力都是有限的,一个A产品都还没有打造出去,你就想打造B、C、D产品,精力就会越来越分散,最后得到的成果就会越低,反馈也越来越不好,以致恶性循环,变成了"割韭菜"的行为,被用户所抛弃。

第二个原理是在需求和优势之间挖掘产品。用户有这个需求,但是你设计的这个产品有没有优势呢?举个例子,比如,用户告诉你,希望帮助他设计私域流量体系。你擅长全案吗?不擅长!你只擅长如何做发售的流程。那么你是不是可以开一个课程叫私域发售系统?用户的需求可能比较大,用户的需求结合你的产品的优势,这才是产品设计的重点。

第三个原理是从单一产品到解决方案。你的观念要转变过来,你设计的不是一个产品,你的产品最终的落地是在帮助客户解决他的实际问题,所以你的产品应该是一套解决方案,而不仅仅是一个产品。

如果你1个产品都卖不出去,那么10个产品你同样也卖不出去,所以,不要再疲于开发不同的产品，找到一个方向，打造出专业的产品体系。

所有用户都是在购买解决方案，而非产品本身。

当一个用户想要购买某种产品的时候，是因为他遇到了某种障碍。有一些同学来找我们上私域流量的课程，他可能遇到了转化的问题、引流的问题、用户维护的问题，这就是遇到了阻碍。他来找到我寻求帮助："尹老师，我的店现在就是客流特别少，能不能帮我想个办法？"

我不是直接去帮他解决他说的这个问题，而是先给他一个调研文档，让他自己去整理出他的基本情况以及真正的需求，因为他问的这个问题并不一定是他的真实需求。我会结合他的调研表去给他做反馈，结果发现他真正的问题并不是引流，而是他的发售流程有问题。

结合他的真正需求，我会告诉他，私域爆破成交系统能够解决他目前的问题，从而给他做了单次的爆破成交，直接给他做变现，成交完之后我拿提成。

对于一家摄影机构，如果有客户问："你们拍照都是怎么收费的？"咨询价格其实就是在寻求帮助。那么，他的真实需求是这个报价吗？不是的！所以客服要围绕他的这个问题询问他，你是准备拍来做什么的？是自己拍，还是要家人/朋友一起拍？是在室内还是在室外？……他回答的是想跟朋友拍一组纪念照，那么我们就要根据这个答案进行具体问题的解答。最后你会发现其实他就是想留个纪念，但是市面上这类产品大同小异，他不知道你家的拍照水平，于是只能通过询问价格来做对比。但是通过客服的解答，他很清楚你家的水平和价格，对你们的介绍也很满意，于是最终定下套餐。

用户在购买解决方案，而非产品本身！你能够解决他什么样的问题，这个很关键。

随着你的产品体系的搭建，你会由产品向产品体系竞争，你跟你的竞品之间，一开始可能就是PK一个产品，但最后都是在竞争产品体系。

3.2.3 产品拆分组合原理，打造成功产品

我们知道了产品设计的底层逻辑，再来看产品的拆分组合原理。

产品拆分可以分为模块拆分、阶段拆分、主副拆分三种拆分方法，我们在去做产品组合的时候，可以参考这三种方法。

（1）**模块拆分**。以点带面组合成交模式。点是什么？比如我们现在做私域流量，引流、裂变、运营、成交，这几个点连在一起就是我们的面，叫作引流运营裂变成交系统。在点里面，拿出任何一个，比如我们开一个私域发售训练营，主要是讲发售成交的环节，那么它解决的就是成交这个点。如果你想学习整个面，怎么去解决？你可以报名我们的私域落地实战班，我来给你交付整个面，你不单单可以学成交，还可以学如何去引流，如何去运营，如何去做裂变，裂变的环节如何去设计。这就是模块拆分，想一想，你的产品的组合里面，能不能拆出来这种模块。

（2）**阶段拆分**。比如初级班、中级班、高级班。我们设计的发售旁听班，你在旁听班里能看到学员们分享的发售知识和实操。看完以后，你可能有点感觉，但还是不知道怎么去实操落地，于是付费进到了发售精英班。在这个精英班里，你学到了3个发售方案，也拿到了一定的结果，但是你发现，自己对于7个彩蛋课的发售方案还不知道如何去应用和落地，那么你就会想进入到我们的发售高手班，学习剩下的7个发售模式，拿到更多的一对一指导

和发售方案，这就是按照阶段进行拆分。

（3）**主副拆分**。比如从免费的课程、资料，到付费的产品、工具。例如私域课程转化聚客引擎的工具，系统美妆课程转化护肤产品，茶叶课程转化茶叶的产品……这就是主副拆分的产品的逻辑。

这三个拆分的模式，是希望对一些想更深入地去学习发售、学习产品设计的人有更多的启发，让大家能够去拓展更多的产品模式。

产品成功 = 信任提升 + 有效反馈 + 实现路径 + 超出预期

一个成功的产品必然能够给我们做信任的提升。当用户使用完你的产品之后，他对你的信任没有增反而降了，那你这个产品就是失败的。其次，这个产品一定是能够有效反馈的，比如我们现在已经有很多学员反馈，跟着我们学习后发售效果非常好，实操性强，很多人都拿到了一个比较好的成果。接着是实现路径，比如我给你规划，你现在想成为一个发售大师的话，先学习9.9元的私域发售密训营，又学习了21天发售特训营，最后又报名了私域发售的私教班。在这个路径里，逐渐实现了自我提升，实现了自己的梦想。最后一步最关键，叫超出预期。用户用完你的护肤品后，学完你的课程以后，效果非常好，觉得是超出预期的一种体验，这也是一个产品能够成功的重要因素之一。

第四章
用户培育技术，从陌生到付费五部曲

4.1 用户培育技术的概念

在我们做私域的时候,应该如何让有需要的用户对我们产生更高的信任值呢?这个过程我们称为用户培育的过程。也就是通过用户培育,让用户与我们之间建立起更高的信任。

在第一章中我们就说过,可以把你和用户之间的关系比喻成一个存钱罐。你跟用户的每一次的互动,每一次私信、见面聊天,还有朋友圈的互动点赞,以及每一次的付费,都是在这个存钱罐里面存了一个硬币。当用户把硬币存储到一定值的时候,你们的信任就达到了一定的值,用户就会打破这个存钱罐,向你支付费用,购买你的产品。

在这个过程中,大家要思考一个核心的点:你的用户是谁?他们如何才能够与你建立起这种信任关系?你应该用什么样的形式和流程,与你的用户建立起逐步递进的信任关系?

4.2　理解流量，如何让你的用户找到你

你认为什么是流量？一个点击、一个好友、一个进店量、一个 App 的激活、一个小程序的浏览……这些都是流量。

流量的本质是人吗？流量的本质是用户的点击打开和进店吗？

流量的本质到底是什么？我们给它下一个定义。

流量是一种蕴含用户各种底层需求注意力的经济。这个定义比较抽象，我们有一个底层逻辑，叫不抽象无意表述，这个核心的底层逻辑不具象，那就没办法给出一个行之有效的方法。所以我们会把流量先抽象出来一个概念，然后再给出具体的理解。

大家可以回忆一下第一章的用户六大购买动机——社交、生活必需品、懒惰、自我完善、贪婪、恐惧，这些购买动机都包含哪些注意力？

如果你是一个开饭店的，消费者进店是满足他果腹的基本需求。消费者为什么会注意到你这家店呢？会进你这家店，是因为你的店有某个点吸引了他，让他注意到了你。

如果你是做保健品的，那么你的用户的底层需求是什么？健康！他为什么会注意到你？为什么会加你的好友？因为他关注到，在这个领域你比较专业，有一些他需要的东西，所以他才会成了你其中的一个好友，成为你的一个流量。

4.2.1 如何吸引用户注意力

如何才能吸引用户的注意力？比如说互联网八卦，这种娱乐新闻是不是会抢占用户的注意力？当用户去看互联网八卦新闻的时候，尤其是各种热点头条的时候，就会抢占用户的注意力，大家都会关注到这个事情。比如，趋势产品，你去设置一个像抖音、快手这样的产品，也可以获得用户的注意力。又如，有价值的内容，如果你是做燕窝的，推送很多燕窝的知识、燕窝的使用技巧、真假燕窝的辨别方法、燕窝的选择策略，对你的潜在用户来讲，这个是不是对他更有价值？更能抓住他的注意力？

这几种抓住注意力的方法当中，你认为哪一个才是你自己能够去生产的呢？很多人是没有生产互联网八卦能力的，也没有研发趋势产品能力，你只有生产有价值的内容的能力。

流量 = 注意力 = 信息 = 内容

如何生产有用的信息，从而持续不断地获取到我们潜在用户的注意力呢？

很多人写着写着就没有朋友圈可发，做着做着就没有内容可生产了。今天教给大家一个内容核心法则：找问题、写原创、换载体。

（1）找问题。针对行业，找到你的潜在客户的100个问题，像我们就搜集了我们的潜在客户最关注的100个问题，写了一个指南，叫《私域流量100问》，我相信，只要你深度从事过这个行业的一些工作，就都能够很简单地找到这100个问题。

（2）**写原创**。通过你搜集到的这100个问题，写出100个原创图文，这样就完成了你的原创。

（3）**换载体**。你把这些问题的答案整理出来，进行简单的排版，这就做成了一个电子文件。你再把这100个问题录出来，剪辑成100条短视频，或者100条音频、10个专栏、300个短视频……用内容堆叠的形式，去获取更多的潜在客户。

当然，这种策略更适合知识付费的行业。但是像一些专业性比较强的行业，比如人参、美妆、健康等，也适用于这种内容生产的形式，去获取到你的前端客户。这是内容生产的核心法则。

4.2.2 精准粉丝来于公域泛流量

当我们获得了内容之后，就要去投放于不同渠道。如果你是线下门店的，你的一级的流量可能就是像大众点评、美团、饿了么、本地的微信群、朋友圈、异业的合作以及周边的这些小区。如果你是做全网流量的，那么像百度、微博、视频号、抖音等全网的平台，都是你获客的潜在渠道，但是，还要根据用户的属性去筛选出适合你的流量平台。

所有的流量都是符合漏斗模型的，从获客、激活、留存到商业变现到最后的自传播，这是一个能够裂变的过程。

所以我们就需要有一个更大的一级流量池来获客，激活到二级流量池，留存到三级流量池，最后在四级流量池变现。裂变出来的人，又循环到我们的一级流量池。从整个流程我们可以看出，无论我们从事的是什么行业，都

私域浪潮式发售：
快速搭建私域流量成交和变现系统

需要一个更高的基础流量池，组建一个完整的流量循环系统。

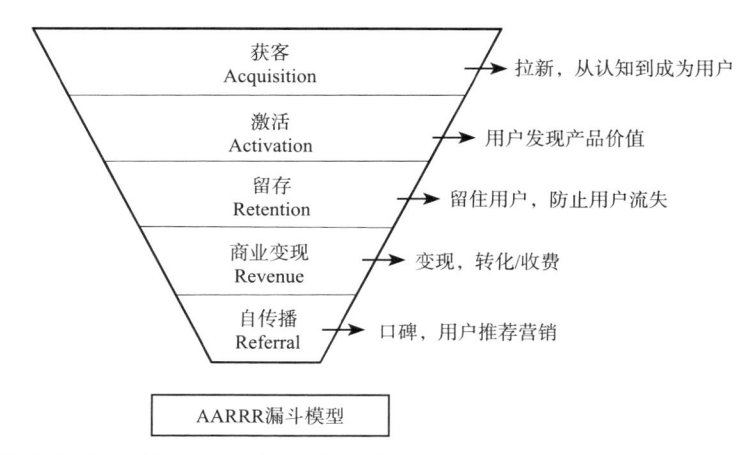

```
获客 Acquisition  → 拉新，从认知到成为用户
激活 Activation   → 用户发现产品价值
留存 Retention    → 留住用户，防止用户流失
商业变现 Revenue  → 变现，转化/收费
自传播 Referral   → 口碑，用户推荐营销
```

AARRR漏斗模型

但是大部分品牌，大部分个人，在做流量的时候，都觉得我要掌握的精准客户，就是进来之后就很容易成交的客户，但是却没有一级流量池。如果你缺乏了一级流量池，就意味着你没有办法和你的用户建立起持续的循环关系。如果你的前端的流量太少，就很难在后端持续做一些用户运营和转化的动作，去不断地筛选你的前端客户。所以你需要制造流量，打造一个冷启动的流量池。

4.3 制造流量,搭建冷启动流量池

4.3.1 七个方法,轻松进本地 1000+ 社群

构建流量池,搭建冷启动的流量池应该如何去做?如果你是做本地化业务的,我们常用的一个策略就是做同城社群,哪怕你是做全国业务的,也可以参考这个模式。

这个模式目前有很成功的案例。我的一个太原的朋友,他们公司是做知识付费的,整个公司有将近 1000 名员工,他们是 8 个人一个小组,其中 4 个人是负责前端的流量,另外 4 个人负责销售。前面 4 个人每个人会拿 10 个号,这 10 个号每天的指标就是进 100 个群,进了 100 个群之后,就在群里面转化,转化到他们销售端的 4 个号上。他们从前端流量的获取到后端的转化,是由两组人来完成的。

在这个过程中,他们有很多种方法能够找到这种高质量的社群,所有的流程都是可以标准化去做的。你进了一个群,就相当于你一个人能够同时面对两三百个人做营销。这种同城群的方法很适合做本地业务,尤其是做门店的老板。

当然,肯定有人觉得我进到别人的群,是不是比较困难?并不难!我应

私域浪潮式发售：
快速搭建私域流量成交和变现系统

该如何更好地利用同城的社群流量，为我的项目做赋能呢？

学会这七个方法，进到本地1000群不是问题。

（1）**线下门店捡群**。你可以测试一下，在整个城市里面到处去转，看到门店就进。进去之后看收银台有没有他们群的二维码、个人号的二维码，如果有，就拍下来。用这个方法，找到本地500个群是完全没有问题的。举个例子，在郑州有很多的连锁品牌，比如悦来悦喜便利店，它在本地有几百个门店，每个门店都有自己的微信群。又如一些水果店、面包店、咖啡店、商超、便利店……很多门店都有自己的社群，你把这些门店的二维码都拍下来，然后给这些二维码做一个分类，之后你用号批量去加，每个号每天也就能加20～30个群，所以你要把控一下进群的数量。但凡你认真去执行了，就一定会有特别好的效果。

（2）**亲朋好友邀请**。你可以罗列一下，你的微信好友里面的30个好友，如果每个好友把你邀请到3～5个群，那么你就有了最基础的100个群，这100个群就是你的一级流量池。这些用户相对来说比较活跃，而且也都是同城的，非常适合线下门店去引流。

（3）**美团优选找群**。大家可以打开美团优选，你会发现这里有很多自提点，更改定位后，就能任意选择不同小区里面的自提点。你想要某个小区的用户，那就定位到这个小区，然后搜索到这个小区附近的团长，下单一些比较便宜的东西，去找这个团长提货，直接向他要群："咱们有没有团购群？如果有的话，您能不能邀请我进去？方便下回提货。"基本上80%的团长都会把你邀请进群，这也是我们去找精准用户的一种方法。

（4）**异业老板换群**。比如说你是做餐饮的，他是做服装的，老板之间的群一般是比较多的，可以你邀请我进50个群，我邀请你进50个群，这样一次就能够扩展出来 50 个群。如果你能找到 10 个老板来跟你换群的话，最少能够增加 500 个群，这也是一种常用的找群的策略。

（5）**地推礼品加群**。如果你的群已经到了 2000 多个，在这种情况下，你社群流量增长的瓶颈就会展现出来。在这个环节里面，我们通常会在步行街、门店放上很多礼品，进行邀请进群的送礼活动，你邀请我进 3 个群、5 个群，我就送相应的礼品。

（6）**产品消费要群**。比如，消费者来你这吃饭，你告诉他说，邀请我进 3 个群，我免费送你一道菜。这也是通过礼品激励的形式进行找群的一种方法。

（7）**闲置物品建群**。大家有没有在自己的小区公告栏里面，或者电梯口、电梯里面，见到过贴着闲置物品交流群的纸张？上面写着建群的目的、群内情况，最后附上进群二维码。这样张贴的好处是，用户会主动来加你微信，提高加粉的效率，他们想进群，需要先加你的微信，经由你拉进群，这样的用户质量也比一般的群质量更高一些。

以上七种在本地找群流量的方法，只要打透其中一两种，就能够在本地建立起很好的流量池，哪怕你只有一个门店。这七种方法也是我们在做快闪发售、门店的 PK 发售、同城联合发售的时候一定会用到的方法。做任何形式的发售活动，前端都要有足够的流量，这样才能够有足够多的流量转化到你的门店，这是做门店发售的基础。

4.3.2 同城流量转化技巧和案例

群找到了，但是进群之后应该怎么做呢？

很多人觉得我进了群之后，发广告就很容易被踢出来，是的！那应该怎么办呢？教大家两个不会被踢的发广告的方法。

一是改备注。建议可以改一个通俗一点的，比如改成你的广告语，为什么呢？你用广告语做群昵称，然后在群里发个笑脸，说句早安，没有人会踢了你，但是大家也都看到了你的广告，这是最简便的打广告的方法。

二是拉小号。一般是小号打广告，大号在群里面是保持沉默的。很多人担心进群之后是不是会被踢出来。踢出来没有问题，但是不能短时间内被很多群同时踢出，这样容易被检测出来违规而封号。一般是进了群一周之后才去做转化动作。

进了群之后，我们如何在群里和用户搞好关系呢？

首先，搞定群主。搞定群主不是说在群里面加群主的微信就可以了，还需要和群主打成一片，比如群主发个公告，你就要在群里面积极地和群主进行互动，群主发出了一个号召，你第一时间响应……这样才能慢慢和群主熟悉起来。

其次，搞定群内的积极分子。你看谁比较活跃，你就可以@他，私信他，经常和他互动。

最后，懂得夸奖别人，舍得发红包，学会分享有价值的内容，经常冒泡。

这几种形式都比较适合那种高质量的微信群，比如业主群、特别活跃的门店社群等。如果这个群不活跃，你做这么多动作只会增加运营的成本，还不如你直接发个广告就跑，提高工作效率。

给大家讲几个同城转化的例子。

例1：我们有一个业务是做同城招聘，这个同城招聘通过本地招聘信息，40个群转化1个群，通过企业会员变现百万。现在每开一个城市，只要是做同城招聘，都要求在三个月之内要进到4000个群，40个群转化1个群，他最终能够转化出来100个自己的群，把需要找工作的这些人转化到我们的社群里面去。转化形式是，他们进群以后，发一些真实的招聘信息，而这些招聘信息，用户一点击就会跳转加我们的企业微信，加了他的企业微信之后，我们再把用户邀请到群里，精准度非常高。

例2：我有一个做儿童阅读的同学，他们通过赠送99元线上分享课程，100个群能够转化出来1个群，到店转化高客单。他们也是一个校区，在开业之前，一个老师要进到100个群，在这100个群里面，他们会群发这个99元的线上的分享课，这个分享课，只需要加老师微信，就能免费领取。一般情况下，他们10个老师会在本地进到1000个群，然后转化出来10个属于自己的群。经过线上一周的分享，转化200～300人进店体验，成交一张299元的体验卡，到店之后的转化率达到60%～70%，最终他们进店的客单价达到了一个人7800元。

例3：我们服务的一个家居品牌"双虎"，只用了两周的时间，带着他们团队的7个人，一共进了近1800个群。这1800个群我们是怎么进的呢？我们制订了一个规则：每进到一个业主群，就给业务员奖励10元；每进到一个300人以上的群，就给业务员奖励5元；每进到300人以下的群，就给业务员奖励3元。我们用这种奖励的形式，刺激员工去做这件事。进了这么多群

私域浪潮式发售：
快速搭建私域流量成交和变现系统

之后，就在这些群里面做了一场直播销售，卖 199 元的权益卡，卖了 200 张，最终实现线下进店转化变现了 60 万元。

例 4：一个家装产品通过送《新手装修 365 问》，1000 个群转化精准用户 3000+。他大概用了一个月左右的时间进了 1000 多个群，进群之后赠送这个手册，用户看到后，如果有需求，就会加他的微信，每个群会有三四个人加他，最终累计加他的好友就有 3000 多人，这些人都是 0 成本加来的。

所以如果你想做一个成功的发售，发售之前的前端流量池很关键。

有些读者说我是做茶叶的，不太合适用这样方式吧？并不是！如果你是做茶叶的，是不是可以找很多自己认识的、接触到的各行业的 KOL（关键意见消费者）、KOC（关键意见领袖），送给他们每人一份体验装？他们在行业内有一定的影响力，自己可能也会有这方面的需求。你的成本可能是 30～50 元，如果你送出 100 份，成本也就是 5000 元左右，这 100 个人，你隔两三周就进行一个回访，进行互动，只要你的茶符合他的口味，借助你们之间的亲密关系，他一定会来找你买茶叶的。

首先他们有付费能力，其次他是你的同学，你们之间是有基础的信任关系的。他领了你的礼品，说明他是对茶叶有需求的人，当他有了这个需求之后，那么你能不能转化他呢？那就要看你的后端的朋友圈的运营能力、你的私信的触达能力了。我相信，哪怕 100 个人里只有 1 个人成为你的超级用户，可能一年左右的时间你的前期投入就能回本了。当然了，只要是茶叶没有问题，你不可能只转化 1 个人。

回归正题，我们有了这么多的社群之后，应该如何进行转化呢？给大家介绍四种转化的方法。

（1）**高价值诱饵转化法**。比如在群里发放一个免费的体验装、一个高价值的资料包等。

（2）**价值分享转化法**。这种转化的形式比较慢，比如在群里我经常分享一些干货的资料、运营的地图、SOP 手册等，大家看完后就会对我比较认可，于是主动加我的微信。

（3）**ABC 剧本转化**。这个比较适合高质量的社群，这个社群里面你用三个号，A 提问，B 回答，C 转接。比如，A 抛出一个问题："我家的门店今年生意特别不好，大家有没有好的方法？" B 也追问说："我家也是。" 然后 C 就开始说："我学习了 ×× 的课程，用了他的一个 ×× 方法，然后我的门店业绩直接翻了一番。" 接着把这个方法跟大家分享一下，最后转折说大家如果想学习的话，可以加他微信，然后把事先准备好的微信名片放出来。

（4）**刷屏爆破转化**。这是最次的一种转化形式，如果这个群对你实在是没有价值，那你就群发广告，一直发广告，直到被踢出去为止。

4.4 用户筛选，激活与培训系统

4.4.1 精准画像，锁定用户

用户筛选这个过程也是特别重要的一个过程。我经常会问我的客户一个问题——你的用户是谁？大部分人告诉我说是想学习私域流量的人，对健康有需求的人，对文案有需求的人……但这些都不是真正的答案，它太宽泛没有边界，如果不能定义你的用户是谁，就无法精准找到你的客户。如果想找到，就需要给它一个比较明确的有边界的定义，用户的画像越精准，你的用户的寻找渠道才会更多，场景的分类也会更多。

一般情况下，我们会根据用户的付费能力、用户的痛点深度、用户的认可程度去定义我们的用户画像。假如，解决这个问题需要1万元，你的用户他能不能付得起？又如，用户目前有没有更深的痛点？用户他对你的认可度有多高？是不认可、认可还是非常认可？

我们去拆解看看精准的用户画像是什么样的。以一家做儿童保险的机构为例。他们的部分精准用户是宝妈，性别自然不用说，年龄大概是30岁左右，爱好都演变成了带娃和养家，职业是兼职或者全职带娃的宝妈，地区是一二线城市，收入普遍在3000～10000元，特征是自从有了孩子以后，风险防范意识特别强，痛点是，市面上有很多种保险，自己不了解，不知道该怎么选，不知道哪种更合适，需求就是想要用最划算的投入，买到最合适的保险。

针对这类用户，我们应该如何设计成交主张呢？如何去与她们建立起信任呢？她有了这个需求，痛点就是险种实在是太多了，不知道怎么选。那你能不能做一个线上的分享课程，给她诊断一下，教她保险应该如何去选？

你要建立起自己的客户标准，目标用户＝服务人群。大家都知道二八原则，80%的企业利润来源于20%的VIP客户，所以我们设计的产品只为某部分人服务。不知道大家有没有遇到过类似的问题，经常有人问我："尹老师，我有一个做家装的客户，你有没有家装的案例？""这个客户我不知道怎么承接，你能不能教教我？"我给他的建议就是，如果是你不擅长的，就不要接这个案子。你为什么不做自己最擅长的事情呢？比如，你对餐饮、对零售特别擅长，那你是不是可以把餐饮和零售打透，然后通过餐饮和零售去影响更多的人，打造出更多的成功案例？你要把自己的精力放在更重要的事情上，同时要时刻谨记，你只为少部分人服务。

4.4.2 用户画像五要素

用户画像五要素，就是你的用户画像要符合这五个标准。

（1）**数量足够大**。你的用户如果数量太少，那就没有运营的价值了，人群决定规模。

（2）**有支付能力**。对你的产品有支付能力的客户，我们称为有效客户。像我们有一个产品是 19800 元，后期会一步一涨价到 49800 元。如果这个人没有付费能力，他再怎么有需求，也没有办法成交。

（3）**渠道多，容易接触**。你能够从抖音、快手、微信等各种渠道接触到他，能接触到就意味着你有能够转化的空间。

（4）**有需求和高频率**。他对你的产品的需求和频率决定了你的商业模式。根据用户的需求层次和频率高低，可以将所有行业的产品分为低频高客单价、高频低客单价、高频高客单价、低频低客单价。

（5）**用户的痛点**。他痛不痛，对你的产品有没有需求？他目前处在一个什么状态，他对你提供的服务有没有一个核心的需求点？这是你需要重点关注的。

4.4.3 建立完善的标签体系，提高转化率

在做好用户画像的同时，我们也需要做好用户的标签体系。建立标签体系的时候，我们可以从渠道、需求、信任度和时间上去做一个分类。从不同的渠道进来的用户给他做不同的标签，比如公众号、官网、抖音、小程序……根据需求程度做一个标签，比如有无意向、点赞、评论、咨询、成交的人。还有信任度，比如购买过一次、两次、三次、四次……购买的次数越多，他的需求度肯定是越高的，信任度肯定也越大。最后还有成交的时间点，他是几月几日购买的，这也是一个非常重要的标签分类。

这个是我们自己客户运营的标签体系。

私域运营昵称、标签体系

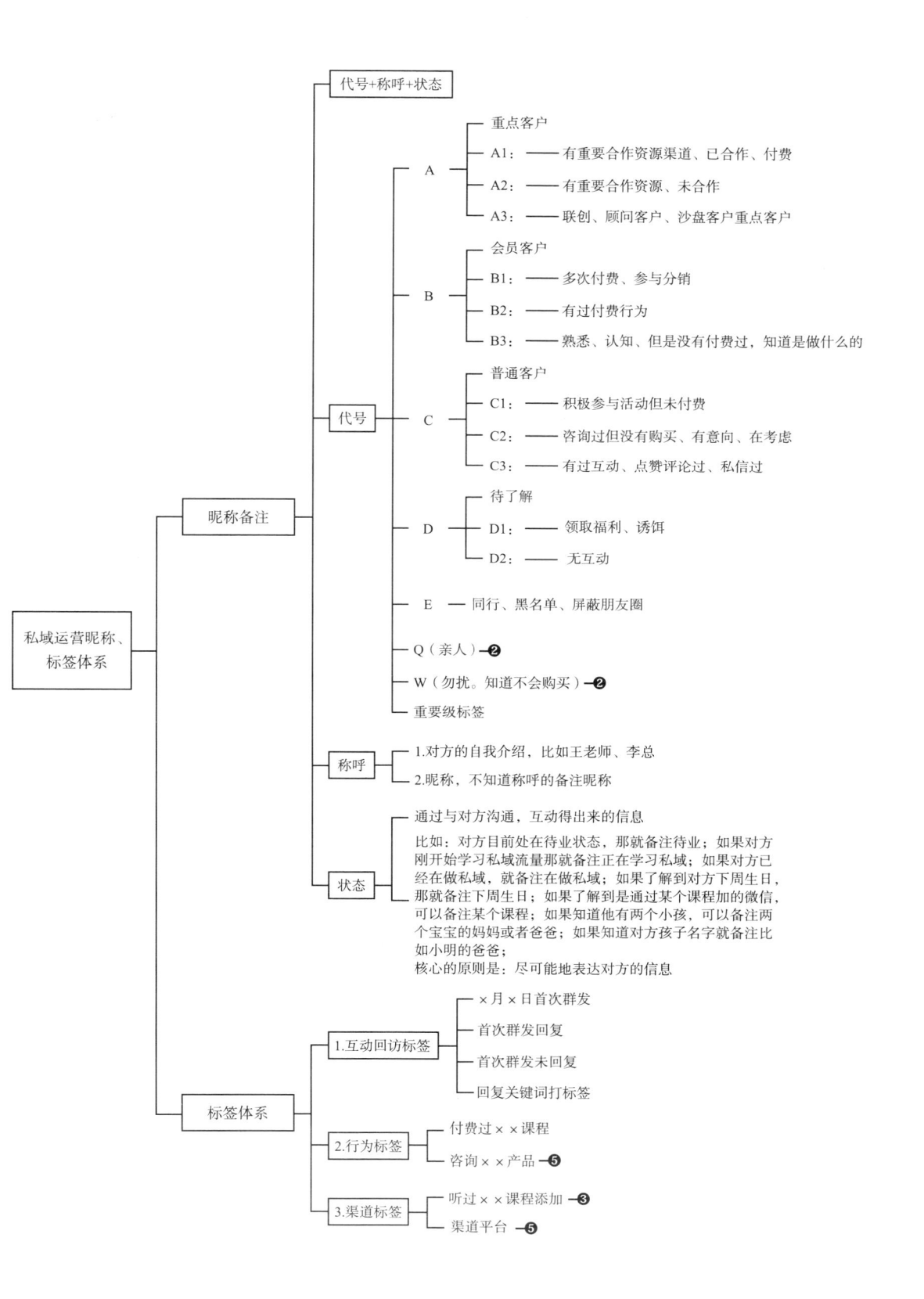

昵称备注

代号

代号+称呼+状态

- **A 重点客户**
  - A1: 有重要合作资源渠道、已合作、付费
  - A2: 有重要合作资源、未合作
  - A3: 联创、顾问客户、沙盘客户重点客户

- **B 会员客户**
  - B1: 多次付费、参与分销
  - B2: 有过付费行为
  - B3: 熟悉、认知、但是没有付费过，知道是做什么的

- **C 普通客户**
  - C1: 积极参与活动但未付费
  - C2: 咨询过但没有购买、有意向、在考虑
  - C3: 有过互动、点赞评论过、私信过

- **D 待了解**
  - D1: 领取福利、诱饵
  - D2: 无互动

- **E** — 同行、黑名单、屏蔽朋友圈

- **Q（亲人）** ❷
- **W（勿扰。知道不会购买）** ❷
- 重要级标签

称呼
1. 对方的自我介绍，比如王老师、李总
2. 昵称，不知道称呼的备注昵称

状态
通过与对方沟通，互动得出来的信息

比如：对方目前处在待业状态，那就备注待业；如果对方刚开始学习私域流量那就备注正在学习私域；如果对方已经在做私域，就备注在做私域；如果了解到对方下周生日，那就备注下周生日；如果了解到是通过某个课程加的微信，可以备注某个课程；如果知道他有两个小孩，可以备注两个宝宝的妈妈或者爸爸；如果知道对方孩子名字就备注比如小明的爸爸；

核心的原则是：尽可能地表达对方的信息

标签体系

1. 互动回访标签
- ×月×日首次群发
- 首次群发回复
- 首次群发未回复
- 回复关键词打标签

2. 行为标签
- 付费过××课程
- 咨询××产品 ❺

3. 渠道标签
- 听过××课程添加 ❸
- 渠道平台 ❺

第一个是昵称备注，也叫 ABC 备注法，第二个是整个的标签体系。

我们给用户打备注的时候是代号+昵称+状态。

什么叫代号？代号就是 ABCDE。

A 代表的是重要客户。A1 代表的是有重要合作的渠道资源，已合作、已付费的人；A2 是有重要的合作资源，但是还没有合作的人；A3 是像联创、顾问客户、沙盘客户等重点客户。

B 代表的是会员客户。B1 代表的是多次付费、参与分销的人；B2 是有过付费行为的人；B3 是熟悉、认识，但是没有付费过，知道是做什么的人。

C 代表的是普通客户。C1 代表的是积极参与活动，但是还没有付费的人；C2 代表的是咨询过但是没有购买，有意向，在考虑的人；C3 代表的是有过互动、点赞、评论、私信过的人。

D 代表的是待了解的客户。D1 代表的是领取福利诱饵的人；D2 代表的是无互动的人。

E 代表的是黑名单人员，或者屏蔽我们朋友圈的同行。

称呼是不知道对方名字的时候直接备注的他的昵称，比如王老师、李总，他自己写什么，那我们就叫什么。

在昵称备注里，我们还会设计一个板块——状态，这是通过与对方沟通、互动得出来的更多的信息。如果对方目前处在待业状态，那我们就在他的昵称后面加个"待业"，如果对方最近正在学习私域流量，那我们就在他的昵称后面加个"正在学习"。

第二个是标签体系，我们的标签体系主要是三种：互动回访标签、行为标签、渠道标签。简单来说就是用户从哪里来的，什么时候跟用户有互动过，用户参与过什么活动，买过什么产品，买过多少次……

有了标签之后，我们就要针对标签做激活了，给大家介绍四种常用的激活策略：送礼物、问问题、求帮助、解困惑。它们的核心都是抓住注意力，激发用户的兴趣。

通常我们送礼物的形式可以是干货资料，也可以是生日礼物，或者是免费书籍，或者建一个高价值的群，免费邀请他们进群，也可以是群内精彩的干货分享，抑或是一些体验的名额、优惠的福利等，这些都是送礼物的形式。当有人领取了你的礼物，就意味着他是你的潜在客户。比如做减肥产品的，他领取了你赠送的减肥食谱，就证明他是对减肥类型内容有兴趣的人，也称为举手的人。如果他过生日，你给他送一个小礼物，给他订一杯奶茶，这也能增加你们之间的信任关系。很多实体门店也会通过群发私信的形式去给用户送福利和优惠，从而进行顾客激活。

除了送礼物的形式去激活外，我们还可以通过私信问问题的方式来打开话题。比如他发了旅游的照片，那你就可以问他这个地方在哪？好不好玩？又如他晒了一个美食，你就可以问问他是怎么做的。再如，他拍了一张很好看的照片，那你可以问他拍照的技巧、构图的手法。问问题也是一种激活策略，增加你与用户之间的黏性。

还有就是求帮助，当你们之间的关系比较亲密，信任值比较高的时候，你就可以请他帮你朋友圈点个赞，帮你做个调研了。如果你的用户是做汽车的，你可以向他求助：我的车有什么问题能不能帮我解答一下？请他帮你做一点力所能及的小事，也是一种激活的手法，相当于在你的存钱罐里面存了钱。

最后一种激活策略是解困惑。用你的专业能力，给你的用户一定的帮助。比如，我现在给所有的好友开放一个免费咨询的名额，你只需要填一个申请

私域浪潮式发售：
快速搭建私域流量成交和变现系统

表就可以了。

这是针对标签进行的不同的激活形式，每一个都可以深挖。

最后就是针对标签做有针对性的服务，可以分流量类型进行分层跟进，比如陌生冷流量、潜在温流量、精准热流量，客单价越高就越需要更多的用户档案信息。这些档案信息需要包含用户的基本信息、跟进的情况、问题点、已购产品等，这些都属于用户的档案信息。

4.5 用户旅程，高阶用户运营策略

在整个私域流量池里，用户都有生命周期的，通常情况下，用户进了流量池之后，它的整个生命周期不会超过7个月，所以你要在这7个月的时间内，把你的用户做一个充分的用户价值的变现。

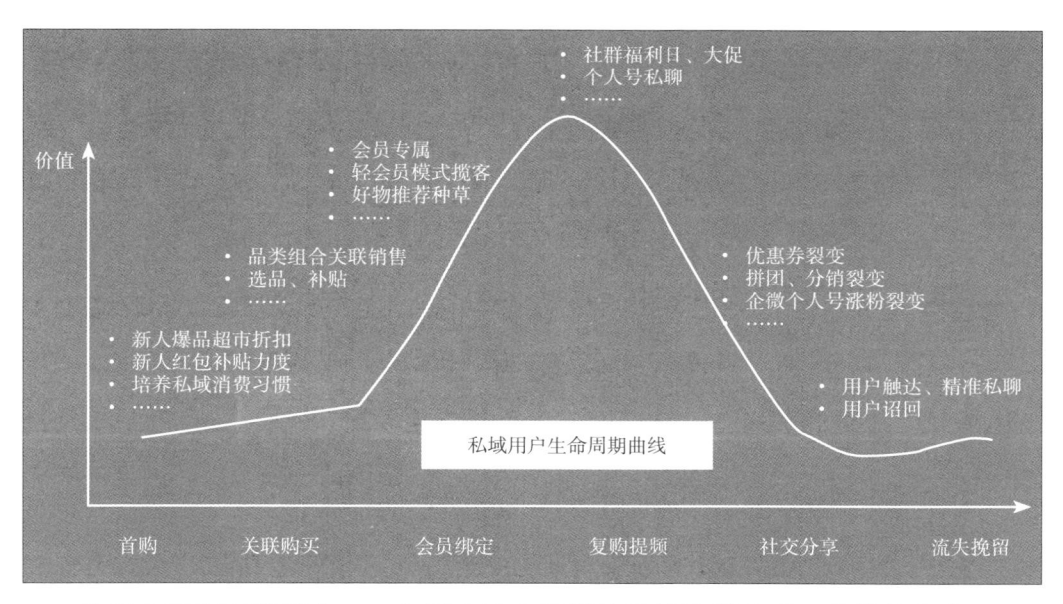

```
价值
                        · 社群福利日、大促
                        · 个人号私聊
                        · ……

              · 会员专属
              · 轻会员模式揽客
              · 好物推荐种草

        · 品类组合关联销售                    · 优惠券裂变
        · 选品、补贴                         · 拼团、分销裂变
        · ……                              · 企微个人号涨粉裂变
                                          · ……

· 新人爆品超市折扣
· 新人红包补贴力度                              · 用户触达、精准私聊
· 培养私域消费习惯                              · 用户召回
· ……
                    私域用户生命周期曲线

  首购      关联购买      会员绑定      复购提频      社交分享      流失挽留
```

从图上我们可以看出，一个用户进入我们的私域流量池后，他的整个生命周期包含了前端的首购、关联购买、会员绑定、复购提频，再到社交分享，帮助我们进行用户的裂变，引入新流量，再变现，最后到流失挽留。

以某个餐饮门店的用户为例。

私域浪潮式发售：
快速搭建私域流量成交和变现系统

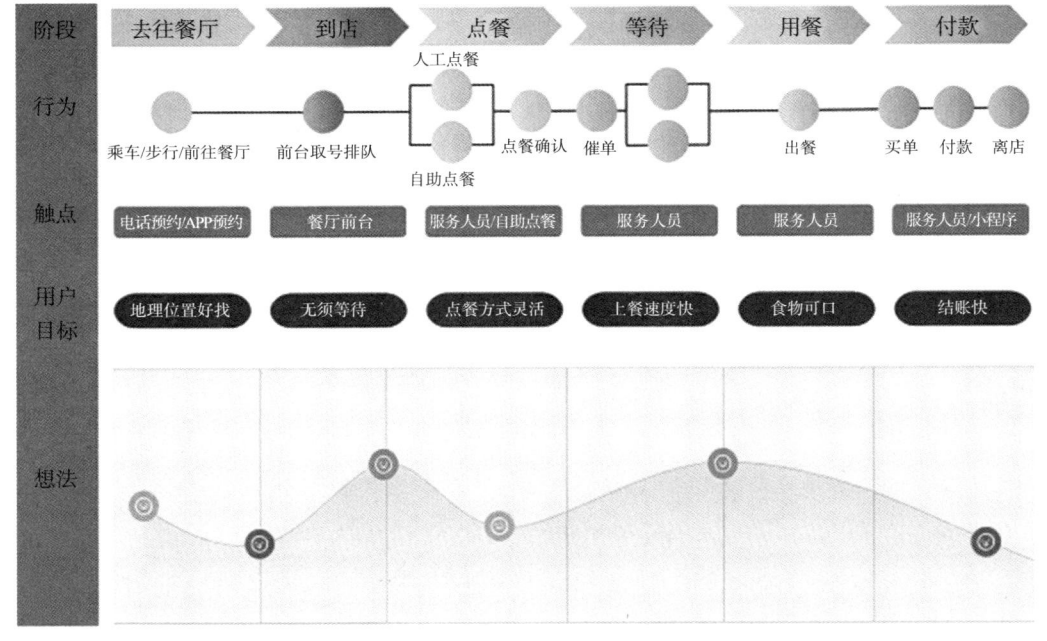

阶段	去往餐厅	到店	点餐	等待	用餐	付款
行为	乘车/步行/前往餐厅	前台取号排队	人工点餐 / 自助点餐 — 点餐确认	催单	出餐	买单 — 付款 — 离店
触点	电话预约/APP预约	餐厅前台	服务人员/自助点餐	服务人员	服务人员	服务人员/小程序
用户目标	地理位置好找	无须等待	点餐方式灵活	上餐速度快	食物可口	结账快

第一阶段，他是如何到达门店的？乘车、步行或者是自己开车？用户的下一个问题是什么？这个餐厅的位置好不好找？如果位置不好找的话，就可能会降低用户前往餐厅的概率。

第二阶段，用户到店之后，他希望能够无需等待就可以直接入座，如果他能提前预订就能很好地解决这个问题。

第三阶段，点餐。如果点餐方式比较灵活，服务员点餐、自助点餐都可以的话，就会提升用户的体验感。点完餐后就开始等待，等待代表的是我们的上菜速度。再往后就开始用餐，食物和环境也都会影响用户的复购和体验感，最后就是付款……这叫用户旅程。

你的品牌如何去设计自己用户的旅程路径呢？给大家简单地介绍一下。

我们来看一个商场的用户旅程，她是什么人、在什么场景下产生的这次旅程？不同的人，在不同的场景下，产生的旅程是不一样的。

比如，未婚的阿睿跟朋友逛商场，她进商场前会比较担心在商场里迷路，商场可能会出现人多排队的情况，并且她自己也有选择困难症，所以她此时的诉求与期望就是，商场的导视图要简单易懂，线上能够查看排队情况，同时能有一些好店的推荐。

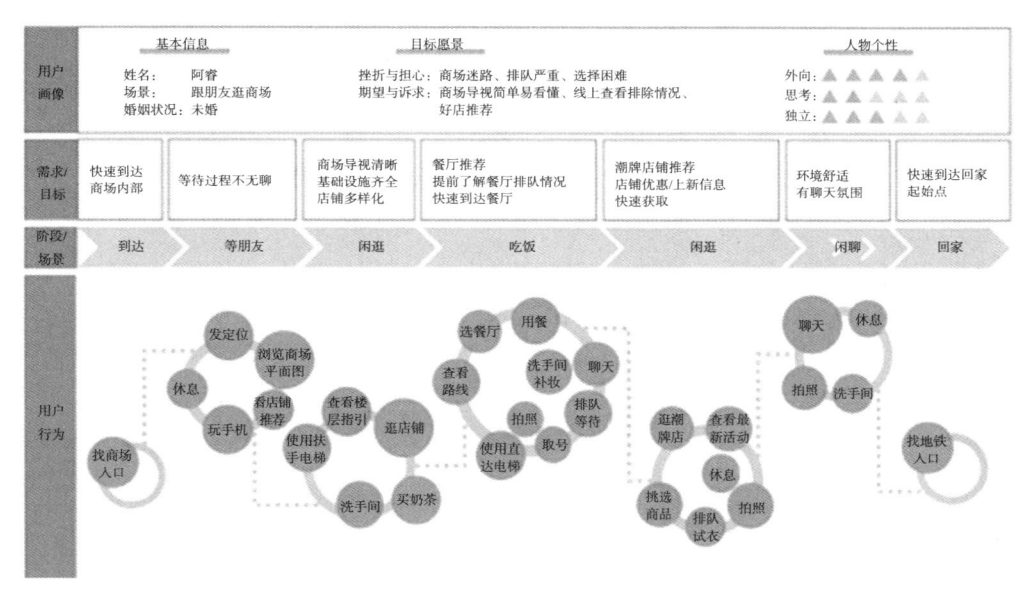

我们把她逛商场的阶段和场景整理出来：到达等朋友→闲逛→吃饭→闲逛→闲聊→回家，每个阶段对应的需求和目标自然也就出来了。

到达就是能够快速找到商场入口，到达商场内部；等朋友的过程，可以在商场内设置一些有趣的东西，使等待过程不至于无聊；在和朋友闲逛的过程，需求就变成了商场平面图要足够清晰，基础设施齐全，店铺多样化，潮牌店铺能够进行推荐，能够及时获取店铺上新以及优惠的信息；待到吃饭的环节，希望能够推荐一些好吃的餐厅，能够提前了解餐厅排队的情况，而且这家店能够线上取号；坐下闲聊的时候，希望有一个适合聊天的环境，最后结束的时候，也能够快速找到出口，方便搭车等。

私域浪潮式发售：
快速搭建私域流量成交和变现系统

根据用户每个阶段过程中的需求，找到与用户的接触点，利用每一个接触点，提高用户的体验感。例如，到达的过程中，我们可以在地铁出站口铺设导视牌，出了地铁站后，商场的 Logo 要能够一眼看见，到了以后，商场内的平面图要简单易懂，楼层信息指示清晰，店铺及时更新……

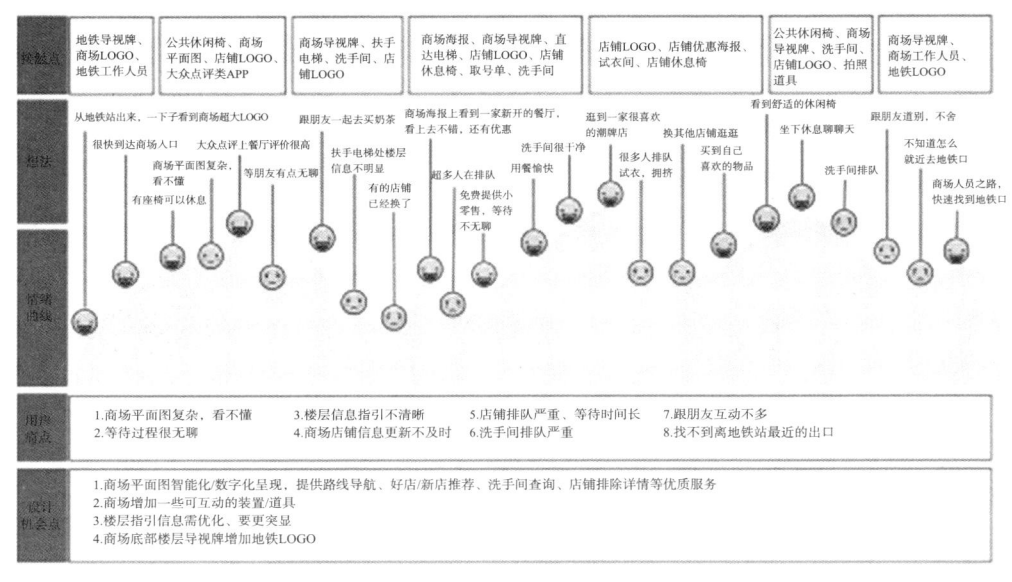

接触点	地铁导视牌、商场LOGO、地铁工作人员	公共休闲椅、商场平面图、店铺LOGO、大众点评类APP	商场导视牌、扶手电梯、洗手间、店铺LOGO	商场海报、商场导视牌、直达电梯、店铺LOGO、店铺休息椅、取号单、洗手间	店铺LOGO、店铺优惠海报、试衣间、店铺休息椅	公共休闲椅、商场导视牌、洗手间、店铺LOGO、拍照道具	商场导视牌、商场工作人员、地铁LOGO
想法	从地铁站出来，一下子看到商场超大LOGO / 很快到达商场入口	一下子看到商场超大LOGO / 大众点评上餐厅评价很高 / 商场平面图复杂，看不懂 / 有座椅可以休息	跟朋友一起去买奶茶 / 扶手电梯处楼层信息不明显 / 等朋友有点无聊	商场海报上看到一家新开的餐厅，想上去不错，还有优惠 / 超多人在排队 / 免费提供小零售，等待不无聊	遇到一家很喜欢的潮牌店 / 洗手间很干净 / 换其他店铺逛逛 / 试衣，拥挤 / 买到自己喜欢的物品	看到舒适的休闲椅 / 坐下休息聊聊天 / 跟朋友道别，不舍 / 洗手间排队	跟朋友道别，不舍 / 不知道怎么就进去地铁站 / 商场人员之路，快速找到地铁口
情绪曲线	😊 😐	😐 😕	😕 ☹	☹ 😊	😊 😐	😊 😐	😕 ☹
用户痛点	1.商场平面图复杂，看不懂　2.等待过程很无聊　3.楼层信息指引不清晰　4.商场店铺信息更新不及时　5.店铺排队严重、等待时间长　6.洗手间排队严重　7.跟朋友互动不多　8.找不到离地铁站最近的出口							
设计机会点	1.商场平面图智能化/数字化呈现，提供路线导航、好店/新店推荐、洗手间查询、店铺排除详情等优质服务　2.商场增加一些可互动的装置/道具　3.楼层指引信息需优化、要更突显　4.商场底部楼层导视牌增加地铁LOGO							

这就是该用户在商场内的整个旅程，我们按照她的行为设计好每一个触点，在每个触点上解决用户的痛点，这就是用户旅程制订的方法和意义。

你可以根据这个例子，尝试着去思考你的用户在整个服务的过程中会经过哪些阶段，每一个阶段用户的核心目标是什么，用户为了这个目标会产生哪些行为，每一个行为可以有哪些可以优化的点。

每一位用户的经历都是不同的，自然期望值和目标也是完全不同的。用户的期望值和目标的不同，会导致用户的路径和行为的不同。

我们自己去设计用户旅程的时候，可以参照以下几个要素：**第一，人物，**

这个人的基本情况；第二，目标和期望；第三，消费的整个过程。根据以上三步，去拆解他的行为路径以及每个阶段的触点，利用每个触点解决他的痛点，发展契机。

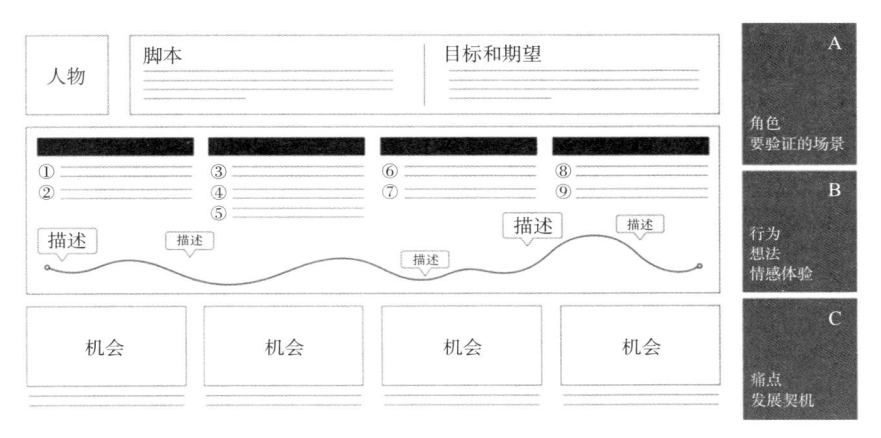

每个用户使用你产品的过程，都可以对它进行切片，做成一个用户使用旅程表，结合每个触点促进用户体验的升级。

第五章
让用户主动下单的朋友圈剧本发售方案设计

5.1 什么是朋友圈剧本发售

究竟什么是朋友圈剧本发售呢?

朋友圈剧本发售,是通过上下有连贯性的朋友圈引起好友注意,让潜在客户感知到你即将推出的产品或者某个活动的价值,并且主动举手,通过影响用户购买的社会因素来刺激用户下单欲望的一种发售方式。

第一章中给大家讲过浪潮式发售五部曲:造势、预售、发售、追售、循环。在这一流程当中,造势、预售占了很大比重,目的就是让潜在客户知道,我有一个活动即将开始,我将有一个产品即将开卖。同时,通过设计一系列让用户点赞、评论等动作,让用户不断地举手,表达出他对产品的一种意向度、意愿度、认可度,朋友圈剧本发售也是同样的原理。

用户之所以购买,有两方面原因:内部因素和社会因素。内部因素是用户的需求,比如,天冷了,他没有羽绒服,所以急需买一件新的羽绒服,这就是内部因素。这种因素是无法影响的,我们能影响的只有社会因素。

我们在去买羽绒服的时候,用户的好评、网上的排名、销量的展示,然后又看到效果的对比,看到限时限量,看到最后一天,看到仅剩一件……这些都会刺激他产生付费的欲望。这种欲望刺激了他的底层心理,一种感性的、冲动的消费的欲望。我们就是通过影响用户的社会因素去影响用户在私域里面的成交和付费的。所以,剧本发售的朋友圈内容里,每一条都是有连贯性的,每一条都是为下一条做铺垫的,下一条也都是为前一条做承接的。

第五章 让用户主动下单的朋友圈剧本发售方案设计

朋友圈剧本发售虽然我们实操过很多次了，但是我们每一次去应用的时候，根据发售的内容不同，发售的核心注意点和流程都会有很大的不同。所以大家在去设计发售的时候，一定要活学活用。

朋友圈剧本发售的特点就是简单易操作、可复制、有效果。它只是通过朋友圈的形式，不涉及私信和社群，比较适合简单的活动发售，小型活动、低价格产品的活动等，操作起来相对比较简单，而且这种发售的底层逻辑、底层的框架，里面的要点都是可复制的，只要你认真执行，肯定是有效果。

无论做什么活动，我们都要先设计发售流程，如果没有发售流程，最终的发售效率必然会下降。

我们常用的发售流程是：造势→预售→发售→追售，最后再循环。

造势	预售	发售	追售
调查铺垫	指令行动	马上抢购	发售截止
公布结果	稀缺紧张	追评提醒	启动二期
互动有礼		营造畅销	
价值塑造			

造势环节分为：调查铺垫、公布结果、互动有礼、价值塑造四个步骤；预售环节分为：指令行动和稀缺紧张两个步骤；发售环节分为：马上抢购、追评提醒、营造畅销三个步骤；最后的追售环节分为：发售截止、启动二期两个步骤。

明白了朋友圈剧本发售的底层逻辑之后，我们应该怎样设计自己的朋友圈剧本发售呢？

5.2 朋友圈剧本发售设计的底层逻辑

5.2.1 策划

当你正式地去发售一个产品之前,需要有一个简单的产品与活动策划表,其中包含活动策划、时间节点、人员分工和物料准备等工作。

(1)**活动策划**。在活动策划阶段,我们需要先确定选品。如果选品来回换,最终的发售效果一定很不好。这个选品的价格要低,品质要好,普适性要强,最关键的是,对用户的吸引力要高。一般情况下,这个产品的客单价不会高于200元。如果引流品的客单价太高,用户在你的朋友圈里面直接成交,成交的门槛就会变高,转化效果就会很差。

朋友圈剧本发售方案SOP模板

阶段	类目		详情
活动筹备期	活动策划		
	时间节点		
	人员分工		
	物料准备		

第五章　让用户主动下单的朋友圈剧本发售方案设计

续表

阶段	类目		详情
造势	调查铺垫		
	公布结果		
	互动有礼		
	价值塑造	用户见证	
		价值包装	
		神秘权益	
		权威背书	
预售	指令行动		
	稀缺紧张		
发售	马上抢购		
	追评提醒		
	营造畅销		
追售	发售截止		
	启动二期		

如果你是高客单价的产品，又想在朋友圈里面直接发售，那么就可以发售虚拟产品，比如权益卡。

你是做家居产品的，产品单价一两万，那么就不太可能直接在朋友圈里面做发售成交，但是，你可以直接在朋友圈卖权益卡！这张权益卡可以是99元抵扣1000元的权益。

接着是确定活动的内容。是要做折扣，还是要做赠品活动？比如，你这个产品原价99元，这一次朋友圈的折扣价只需要49元，用户肯定会觉得这个产品折扣力度这么大，必须下单。但是有的人不想做折扣打乱市场价格，那么我们还可以做赠品，比如说买A赠B，仅限前×名。

私域浪潮式发售：
快速搭建私域流量成交和变现系统

我的一个朋友在群里面卖宠物粮，他的宠物粮是没有折扣的，但是消费满500元就送一个精致的宠物房子。那个房子是非卖品，只有买满一定的产品才会赠送。这其实就是做了一个赠品活动，来拉高用户的整体客单价，提高用户支付的意愿。这种操作有一个前提就是，你要把赠品的价值塑造起来，让潜在客户看到这个赠品后，就想立刻买，马上就要下单。

我们在做发售的时候，不仅可以发售一个产品，也可以发售一个活动。

活动的策划不用太复杂，因为我们做的是朋友圈的浪潮式发售，主要是针对小型活动去做的。如果是小型的活动都做得很复杂的话，那么你的运营成本会很高，运营起来会很累，你的用户也会很疲惫。所以在这个过程中，我们一般持续的周期是3～5天，1天的筹备，1～2天的预热，1天的发售和1天的追售。

（2）时间节点。从时间的节点上来说，我们一般不会设计太长的时间，正式发售的时间其实也就2天的预售，1天的发售，总共3天的时间。前期准备的时间，需要根据具体项目而定，如果前期已经准备得比较完善，那可以随时开始预售工作。

（3）人员分工。活动策划的另一个重要部分就是人员分工。人员分工分为两类，第一类是一线朋友圈的执行团队，去监管大家每一个动作有没有做，做了之后，有没有问题。虽然这个很简单，但是我们发现，每次做活动的时候都有员工不能按照要求做，最简单的转发朋友圈有时候都会出现问题。有的人会把我们转发的朋友圈文案弄错，原来要转发A的，他转发了B；还有很多人在做转发的时候，他的朋友圈都是被折叠的。你的朋友圈都被折叠了，自然触达率就很低。人员分工的另外一类就是素材制作团队。素材制作团队就是海报、物料、产品效果图等的制作。

（4）物料的准备。一场发售活动，我们都需要准备什么物料呢？

①活动海报。我们做一个秒杀节，肯定要有一个主题，比如：春日秒杀节、春日福利节、××宠粉节，一定要有个大的主题节日。这个主题节日海报会涉及什么产品，什么样的价格，有什么优惠……都是我们需要提前设计好的。

②多张活动产品图。我们的产品图一定要好看，有辨识度，方便执行团队去宣传使用。

③活动发售情况实时海报。比如活动已被抢200份。发售海报是需要提前设计好的，目的是制造畅销的氛围，也是在刺激未下单的用户，争取更多的转化。

④活动截止落幕海报。活动前的氛围热热闹闹，活动结束的时候，我们也需要高调宣布。和发售实时海报一样，也是为了进行最后的追售，为活动做个收尾。比如：活动仅剩一个小时，仅剩最后3份……或者，直接宣布这个活动已结束，××产品已经被抢完了。

⑤成交截图，咨询截图素材3～5张。这些既是为了追售，也是为了留存客户见证，为下一次活动做准备。

我们在做发售之前，以上所有的素材都是要提前准备好的。当你发售开始的时候，你的朋友圈里就要不断地晒你的成交记录，付款截图。当然，如果是个人小规模的发售，也可以不用设计海报，直接用活动产品配合成交文案以及咨询截图、支付截图、成交的截图记录就可以了。

5.2.2 造势

策划流程有了,如何应用这个流程去设计发售方案呢?造势、预售、发售、追售、循环的每一个环节应该如何去设计打造呢?

下面来看造势预热的四个步骤:**调研铺垫、公布结果、互动有礼、价值塑造。**

(1)**调查铺垫**。你可以这么问,"最近很多粉丝问我有没有什么活动,要不你们留言告诉我想要什么活动?"这就是在做调研铺垫,目的是引导用户举手,为产品或者活动的推出做准备。也可以是"马上'五一'了,公司准备给大家送一波福利,大家最想要哪个福利?评论区留言最多的,到时候我来给大家申请"。

假如你是做防脱发产品的,"朋友圈有没有深受脱发困扰的人?留言我分享你一个方法"或者"有没有什么比较好用的防脱发的洗发液推荐?最近脱发严重"。

这是从几个不同的维度去做调查铺垫。不管你是做电商也好,做门店也好,都可以做一个这样的调查铺垫。

(2)**公布结果**。公布结果的核心点就是,引起用户的好奇心,吸引用户的注意力!

以珠宝门店为例,第一条朋友圈可以是:"哇!没想到大家最想要的竟然是它,你们猜猜是什么,猜中有奖。"用户此时就会在评论区里不断地留言,跟你互动。

当然，哪怕没有一个人跟你互动，你也要在第二条朋友圈说："哇！才半个多小时，竟然有这么多人，都猜是它，也太会选了吧！"或者是"原来大家都想要的是我们的黄金小方糖手串，也太会选了吧。我这就准备，向我们总部去做一个申请，我看都有哪些老板想要，点赞的人越多，我们申请到的这个优惠福利就会越高。"

这条朋友圈就是反馈刚才调研的结果，它的核心是为了激起潜在用户的注意力，让其感知到我们即将要推出来的这个产品的价值。

（3）互动有礼。

第一种："来来来，老板说点赞越多优惠越多，朋友圈点赞走一波。"然后把图片放上去。

第二种："我准备给朋友圈好友送一个福利，点赞7、17、27的好友，每人送一个……"

第三种："我整理了一个干货资料包，想要的朋友记得点赞，我晚上发给你。"

第四种："点赞有礼，进群抽奖，扫码抽奖……"

我们做这种活动的时候，互动有礼的目的就是激活你的朋友圈，同时让你朋友圈的好友知道你即将有产品要发售，让其参与到发售的过程中。

（4）价值塑造。价值塑造在整个发售流程中占了很大的比重。你前面通过调研、互动有礼，已经将用户做了激活，用户已经知道你即将要发售某个产品了，知道了之后呢？用户有没有感知到产品的价值呢？并没有！我们要好好打造产品的价值，让潜在用户能够充分体会到价值，这个过程我们称为价值塑造。

价值塑造的核心就是让用户感知到你的产品能够解决他的痛点。围绕用

私域浪潮式发售：
快速搭建私域流量成交和变现系统

户痛点以及你产品的卖点去写文案，在这个过程中，我们有哪些渠道可以让用户感知到我们产品的价值呢？分享4个价值塑造的方法。

①用户见证。用户见证分为：客户好评和效果对比。

比如说用户私信告诉你："你家的这个护肤水太好用了，我用了一周，明显感觉皮肤润了好多，痘痘也消下去了。"然后你把用户的反馈做一个截图，发到了朋友圈，这个就叫客户的好评。

还有效果对比，比如用之前和用之后、瘦之前和瘦之后的对比，是能够让你的潜在用户看到产品的效果。比如你准备开课程，你可以拿一期学员的好评反馈，应用在二期学员的招生上面。一期学员×××通过学习你的课程，获得了一个什么样的提升，收入提高了多少……再附上一些学员的好评截图。这个就是用户见证，而且这个用户的见证是特别关键的策略，因为它是通过第三方的角度去阐述你产品的好坏，可信度会更高。

②价值包装。价值包装又分为：优惠折扣、名额有限、透露干货。

优惠折扣，就是用户在这个过程中能够享受几折的购买价。比如原价240元，现价只需要168元，这就是给用户提供一种折扣和优惠。

名额有限，顾名思义就是数量有限，早到早得。比如，"我们这次活动只开放50份，大家有没有需要的？如果有需要的话，可以跟我们申请。"

透露干货，如果你是做知识付费的，是不是可以在这个过程中透露："我将给大家公布——如何用3条朋友圈就卖货100万。"用户听完之后就会觉得"哇！这么厉害！"从而让大家知道你的产品是有价值的，有内容的。

③神秘权益。比如做知识付费产品的，我截个图，说："终于搞定了一个资源，能够帮助我们的学员对接××合作/资源，来给我们做分享。"这个就叫神秘权益，只有加入进来，你才能够享受到的神秘权益。

④权威背书。权威背书就是我们的产品获得过什么样的认证，谁都在吃、某某明星都在使用我们的产品等。大家一看，这个产品有国家证书，某某明星都在使用，这个产品应该还不错，我可以试一试，这就叫权威背书。

5.2.3 预售

接下来我们来看预售环节——预售的两个方法：**指令行动和稀缺紧张。**

（1）指令行动。其目的是引导用户参与点赞、评论，支付定金。例如："点赞提醒：活动即将在今晚 8 点正式开始抢购，点赞这条朋友圈给你定个闹钟提醒。"

"支付 1 元抢名额：现在开始只需要支付 1 元定金，锁定抢票通道……"

"进群预约：我将在今天晚上 8 点正式对外公布……马上进群，抢占名额。"

"审核定金：在正式报名之前，先支付 100 元定金参与审核，如果没有通过，我们就会退给你 100 元。"这个比较适合高客单价的产品，需要用审核的形式给用户一个指令，让他支付价格较低的定金。

"99 权益卡：现在支付 99 元抢购权益卡就可以享受……"

我们的活动在正式推出之前，都可以做这么一个预售的动作，让你的用户先感知到价值，觉得我要参与，如果我不参加，可能就会错过很大的福利。这叫指令行动。

（2）制造稀缺紧张。稀缺紧张也可以通过两个维度来描述，一个是剩余的数量，"活动还没开始，就已经被抢购了××份，还剩××份……"让用户感知到产品的畅销，还没开始就已经有人开始抢购了。另一个是剩余时间，距离活动正式开始仅剩两个小时。通过这两个维度去描述产品的稀缺感，营造出畅销的感觉。

5.2.4 发售

再来看发售的三个方法：**马上抢购、追评提醒、营造畅销**。

马上抢购就像一个发令枪，当枪响的时候，活动已经结束了。为什么枪响的时候活动就已经结束了呢？因为大部分人的关注度，他付费的意愿，在早期的时候就已经有了，所以在预售的过程中，我们的核心点应该给出一个购买的入口和指令。这种文案可以这样写："乡亲们，赶紧抢了，只有10个名额……直接给我转账就行。"

与此同时，追评提醒，通知之前点过赞的人抢购开始了，让之前评论过的用户知道可以付费了。

营造畅销的情景是在价值塑造的环节之后另外一个非常重要的环节。比如说，持续发用户成交的转账记录的截图，"恭喜×××已付费""仅用一个小时就已经销售200多份……""还剩最后5份""大家也太热情了，现在付款咨询的人有点多，回复信息有点慢"这类的朋友圈，营造出一种畅销的氛围。

5.2.5 追售

最后是追销的两个方法：**发售截止、启动二期。**

发售截止如何做呢？我们一般是发贺报，而且在这个环节中，我们也需要让用户感知到产品很受欢迎，比如"仅用两个小时就卖出去了200单"。

虽然发售已经截止了，但是肯定还是有人没有付费的，可能时间原因或者别的原因没有付费。当你发了贺报之后，大家一看，哇！你这个产品这么畅销吗？才推出两个小时就被别人抢购一空了，我这次没有参与，好像是个损失。

如果你想启动二期，应该怎么做呢？我们可以这么写，"很多好友反馈第一期的活动因为××原因未能参加，问还能不能报名，我做个小的调查，看看还有多少小伙伴有需求？点赞留言。"

"没想到还有这么多的小伙伴……我向总部再申请一下。"这是你找了一个理由来启动二期，但是如果你没有打算做二期，就可以把这个动作停掉。

5.3　朋友圈剧本发售案例

5.3.1　海鲜餐厅权益卡发售，转化率 26%

这是一家海鲜主题的餐饮门店，长期以来一直都是通过平台售卖低价菜品来引流，经常搞活动，但后期转化的效果并不是很好，复购和储值率很低。缺乏其他的渠道，随着市场竞争愈加激烈，各个平台的获客成本也越来越高，叠加疫情的影响，情况就显得更加严重。这两年客户到门店消费频次已经降低到平均每人每年 4 次左右，超过 10 次的客户屈指可数。外加门店产品体系较为单一，只有单一的储值会员。而且该餐厅因为经常搞活动，所以消费者对储值卡的权益完全无感，再加上当下很多门店跑路，造成消费者的不信任，消费者的消费愈加理智和谨慎，大部分人都不愿意冒险将钱预存在门店，最终的转化率极低。

基于以上情况，我们给餐厅策划了新的产品，准备推出一张特权卡，客户无需一次性大额充值，只需花很少一部分钱，就可以享受到一些用餐优惠。这样设计的目的是：第一，以这种特权卡的形式激活老客户；第二，希望借助这样的权益卡，给予新客户长期的让利，从而达到锁客的目的。最终定稿的特权卡分为两种，一种是198元一年的特权，另一种是99元半年的特权。

具体权益如下：

专享权益：开卡后本人到门店用餐按门市价立减100元，仅限本人使用，不与其他活动同享，有效期内不限次数使用。

生日福利1：生日当天到门店消费可赠送价值198元的生日蛋糕1个（需提前一天预约）。

生日福利2：生日当天到门店消费可赠送价值399元海鲜拼盘一份。

积分特权：专享会员积分兑换商品。

产品政策制定好后，开始进一步规划整体的推广流程，这次主要利用朋友圈剧本发售的形式，通过造势预热，来提高客户的参与感和互动性，提升对活动的关注度且抓住客户注意力。最终，通过3天的发售，在参与人数并不是很多的情况下，还是实现了较高的转化率：在不到400人的社群里，成交102张特权卡，其中有75人是小程序新增客户。

活动的执行过程如下。

私域浪潮式发售：
快速搭建私域流量成交和变现系统

第一天：

第一条朋友圈：激活好友。

> 朋友圈的各位朋友早上好呀！
>
> 我正在参加公司组织的学习活动，我们发起的朋友圈点赞挑战赛，比拼一下看看谁的朋友圈点赞得好友多，麻烦大家帮忙点个赞！第8、18、28……逢8点赞的朋友都会收到一个小红包哦！[红包][红包][红包]

第五章 让用户主动下单的朋友圈剧本发售方案设计

第二条朋友圈：调研互动。发起活动咨询，调动客户积极性，看看大家有什么想要的优惠，让客户有参与感。

> 哈哈，感谢各位老铁们的支持啊～中奖已兑换，恭喜中奖的朋友！
>
> 刚刚很多朋友私信问我，店里面有没有什么活动？要不你们留言告诉我，最希望做什么活动，留言最多的我去和公司申请！

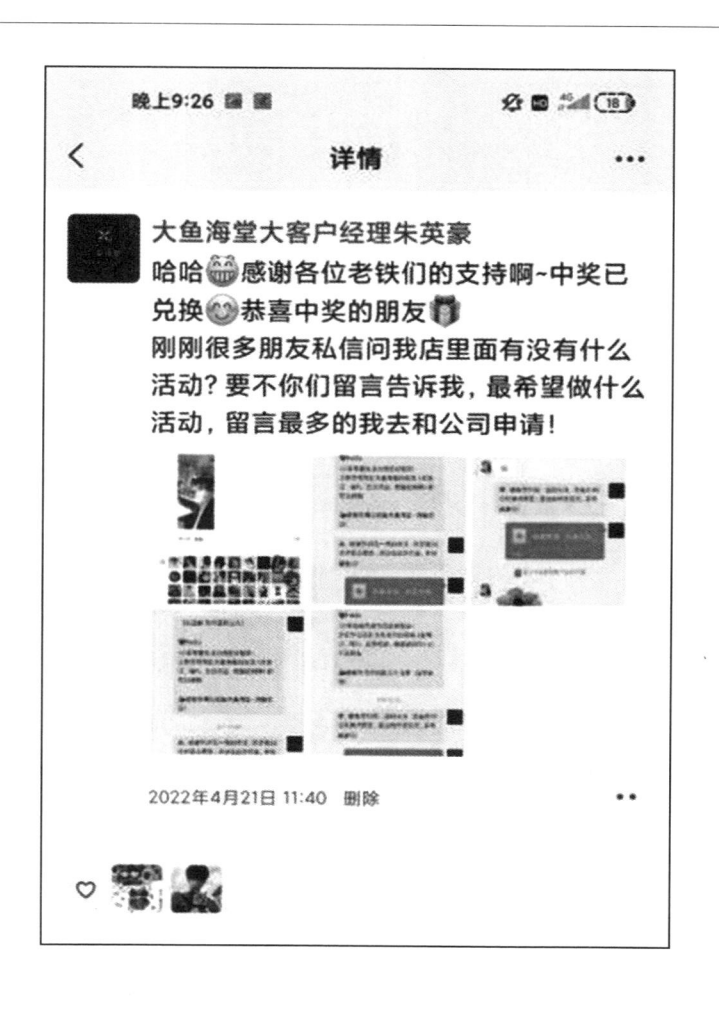

私域浪潮式发售：
快速搭建私域流量成交和变现系统

第三条朋友圈：指令行动。宣布要做的活动，但是不报价格，提起朋友圈客户的持续关注，调动好奇心：到底要做什么活动，发放什么优惠福利了？

> 哎呀~老板太豪横了，上一条朋友圈，大家的这个互动特别积极，然后老板狠了一把心，决定给大家超值的福利，总价值不低于2000元的优惠哦！大家想不想要？想要的点赞留言。

第五章　让用户主动下单的朋友圈剧本发售方案设计

第四条朋友圈：互动举手。宣告要做活动，让客户想参加的进行举手，也是一种摸底行为，看看有多少人想参加。

第五条朋友圈：猜价格。也是在摸底，看看客户想花多少钱来参与，一般最后价格比客户预期的钱要少，成交率也会提升。

第六条朋友圈：塑造价值。也是第一天造势预热的最后一条朋友圈，把产品的优势卖点体现出来，让客户有一种超优惠的感觉，持续关注活动进度，抓住客户注意力。

第二天：

第七条朋友圈：继续造势。再宣导一次活动优惠力度很大，让客户有一种我要买，我要参与，不然就会错过机会的感觉。

第八条朋友圈：公布价格。告知客户活动价格，塑造限时限量的效果，告知抢购方式，让客户有一种他不在指定在时间在指定地点参与就抢购不到的错觉。

第九条朋友圈：发售倒计时。告知用户活动已经开始，可以购买了……（接下来会在朋友圈滚动发圈，不断地宣告，限量100张，已售出×张，同时附上用户的支付截图或者对话框）

以上两天的造势预热效果是非常不错的，客户在每个环节的互动中举手非常多，还是很期待这些优惠的，激活了少部分沉默客户，和之前朋友圈发文案对比，这次预热造势过程中的朋友圈互动率要高很多。

5.3.2 私房烘焙七夕活动，7天营收超19万元

（1）案例背景：该私房烘焙门店以前是做实体门店的，依托抖音本地生活，打造了一款爆款提拉米苏，但是因为疫情影响，线下流量急剧减少，每天单量在30~50个，引流来的客户更多的是购买几十元的产品，少有顾客会购买几百元的生日蛋糕等利润品。前后5个月的时间，从抖音引流大概4500人添加到微信，店家想要通过一次活动，筛选出有能力和需要购买生日蛋糕、七夕蛋糕的客户，提升客单价，提升单量。

（2）活动结果：活动中间遇到疫情，原本3天的活动延长至7天，截至七夕当天，蛋糕生产达到产能上线，活动被迫停止。一周时间，总成交额193430.9元，其中蛋糕订单总金额54110.9元，储值总金额139320元。

（3）活动前的准备工作：

①主推产品设计。以前店内没有自己的七夕产品，为了增加产品的网红属性，我们从市场上找了700多款七夕蛋糕，用2周的时间，确定了2款进行创作。

②活动政策设计（不叠加）。

下单七夕蛋糕（花束/心形），送爆款提拉米苏一个，限量100个。

充值258元，送爆款提拉米苏一个，限量100个。

9.9元享2022年全年85折。

（4）发售流程设计：

活动预热。通过剧本式朋友圈进行活动的预热，用追评＋点赞领红包＋

第五章 让用户主动下单的朋友圈剧本发售方案设计

环环相扣的剧本内容，充分引发用户的参与感和关注度。

第一条朋友圈：首次互动。

> 最近七夕快到了，好多乖乖都在问锐嬢，有没有什么活动？有没有新产品？要不你们留言告诉我，哪款最喜欢，投票最高的我来给你们搞一波活动！（配图6款蛋糕）

第二条朋友圈：引导点赞。

> 昨晚的朋友圈，太多朋友留言了！没想到呼声最高的是这两款！不过也是在预料之中，大家来猜猜看是哪两款七夕蛋糕？
>
> 点赞超过20个，我去申请这两个产品的专属活动！

> 评论区：猜对的伙伴根据时间先后，第一名跟第二名分别送8.8元和6.6元红包一枚！

私域浪潮式发售：
快速搭建私域流量成交和变现系统

第三条朋友圈：公布答案。

> 哈哈哈，上一条朋友圈评论炸了，昨晚的投票结果，快来看看你猜对了吗？
>
> 大家选出来的两款最爱七夕蛋糕，首先恭喜@×××和@×××获得红包。

> 评论区：点赞超过20个了，我正在申请者两款七夕蛋糕和提拉米苏的活动，现在有三个选择：买一送一、限时抢购、全年8.5折，你们喜欢哪个？我去搞！

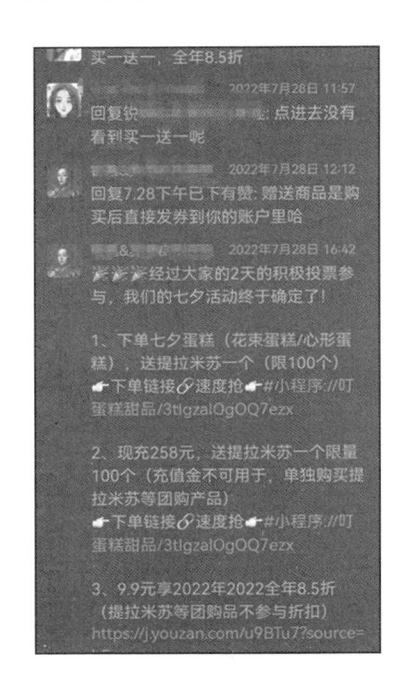

第五章 让用户主动下单的朋友圈剧本发售方案设计

第四条朋友圈：继续互动点赞。

> ◎ 上一条朋友圈点赞火爆了！你们太会选了，好多人选"买一送一"和"8.5折"。
>
> 我后悔说出来了，申请的难度好大（哭），但是我一定尽全力给你们做到！

> ♡ 评论区：路过的亲们，都给我点个赞，点赞越多，我去申请的成功率越大呀！
>
> 点赞第8、第18、第28、第88的亲，获得5.2元红包哟！

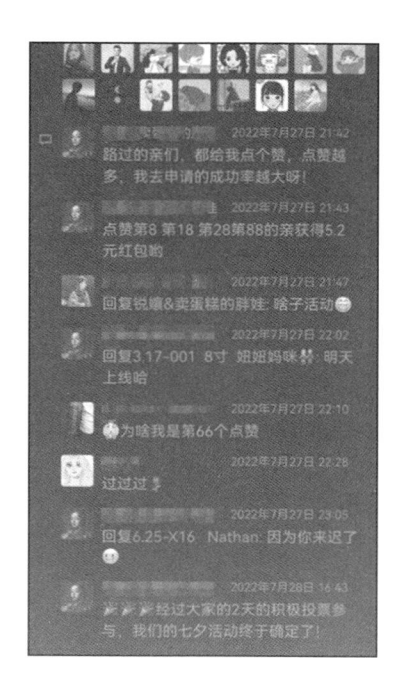

私域浪潮式发售：
快速搭建私域流量成交和变现系统

第五条朋友圈：互动有礼。

> 一早起来，居然有这么多人点赞和留言，让我先吃个早餐吧，到店后给幸运的乖乖发红包。

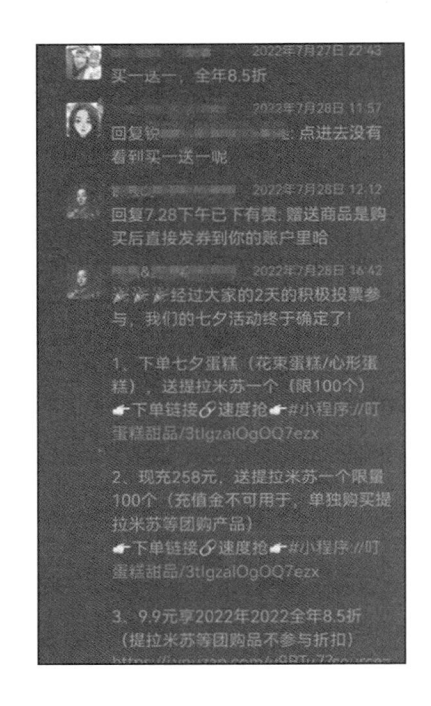

第六条朋友圈：正式公布。

> 好消息！！！这次呼声最高的竟然是买一送一&全年8.5折，你们也太会选了吧！！！
>
> 恭喜图中画圈的6位小伙伴猜对了，来领取红包！
>
> 从昨天开始申请的七夕活动，终于下来了！！！

第五章 让用户主动下单的朋友圈剧本发售方案设计

> 评论区：王炸了亲们！锐嬢第一次搞这么大的活动，买一送一啊！还有9.9享全年8.5折，OMG！
>
> 赠送的提拉米苏，限2022年内兑换，限量100份哈！速度~

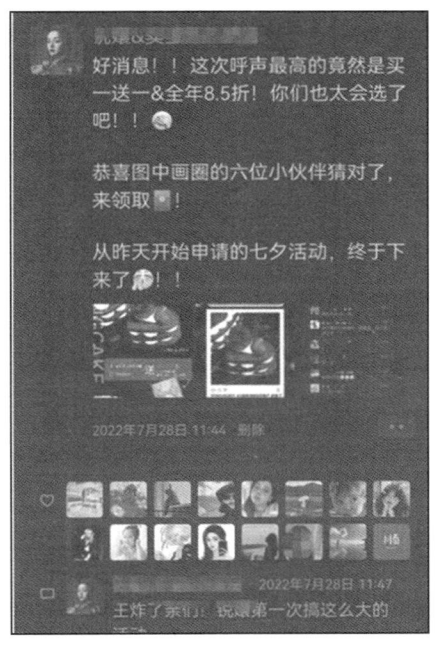

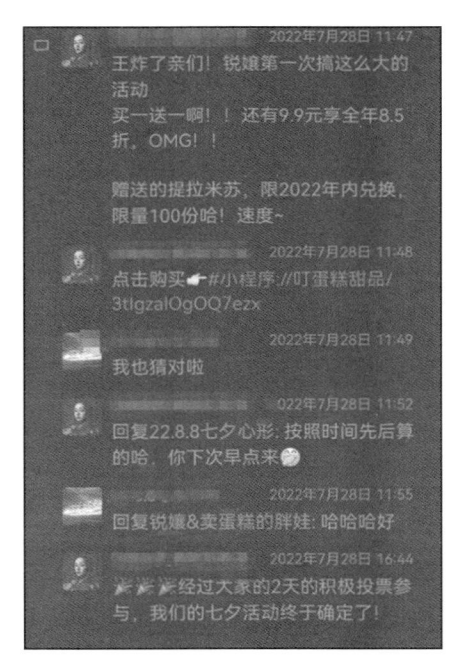

此时，重点追评前面六条朋友圈，让之前点过赞或者评论过的人知道活动内容和活动即将开始，保证活动能够触达更多人。

第七条朋友圈：营造热销氛围。

> 七夕活动，买一送一 & 全年8.5折，私信开始炸了……
>
> 你们，太会把握机会了……

私域浪潮式发售：
快速搭建私域流量成交和变现系统

> ♡
> 　　评论区：速度哟乖乖些～哈哈哈，相信你们的锐嬢，我软磨硬泡了两天，才拿到这个活动。

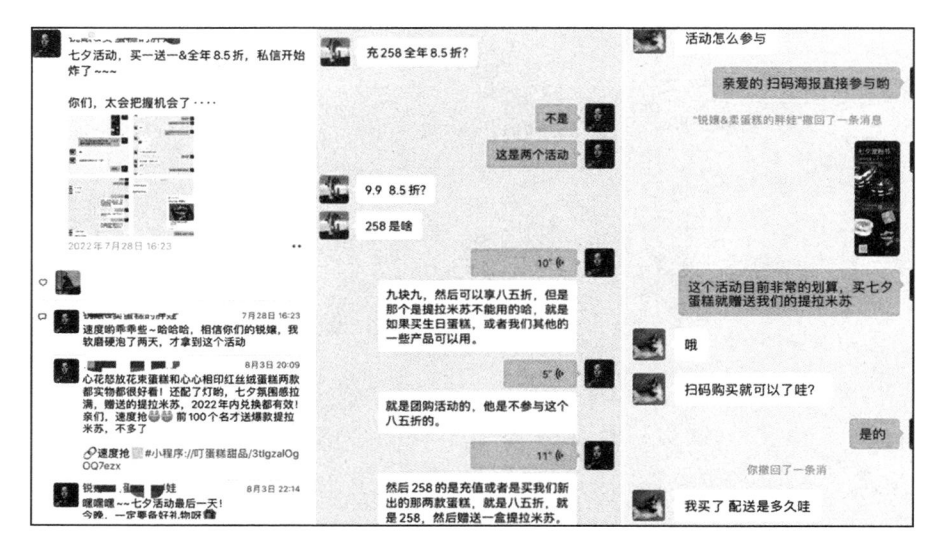

第八条朋友圈：帮助用户下决定。

> 　　今天活动一出来，好几个乖乖问我，咱们七夕活动力度这么大，锐嬢，我选哪个比较好呀？
> 　　今天我加班加点，给你们搞了一个贴心攻略，看过来……

　　后续朋友圈持续营造热销氛围，并且进入活动倒计时，加强紧迫感，刺激部分还在犹豫的用户抓紧时间下单。在整个活动期间，我们所有的朋友圈都要再次进行追评，追评的同时要附上活动内容和购买链接，尽量减少用户的行动成本，帮助用户下决定，提前转化。

第五章　让用户主动下单的朋友圈剧本发售方案设计

私域浪潮式发售：
快速搭建私域流量成交和变现系统

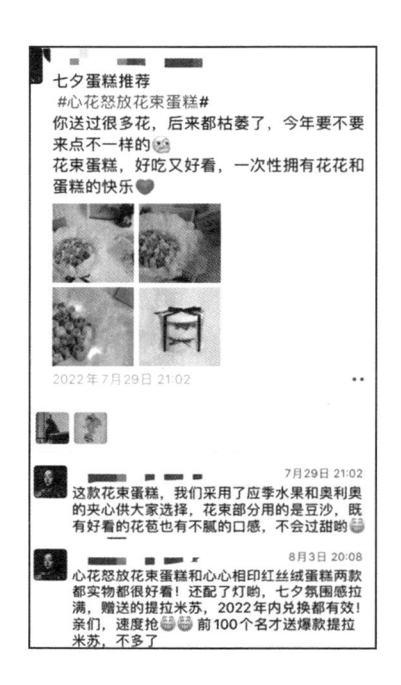

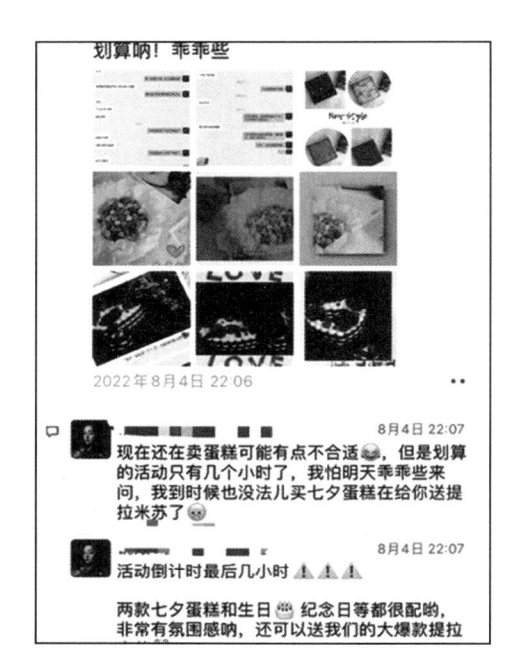

以上就是该私房烘焙门店在七夕所做的一场小型的发售活动，通过朋友圈剧本的形式，一步步吸引用户的注意力，让潜在客户注意到活动，再利用设计好的套餐进行用户的转化。如果你的门店也需要做一场小型的发售活动，不妨也设计一个属于你的朋友圈剧本发售活动。

第六章
用户批量成交的快闪群发售方案设计

私域浪潮式发售：

快速搭建私域流量成交和变现系统

6.1　快闪群发售模式的底层逻辑

我们为什么要去做私域快闪发售呢？先来看一下整个私域流量运营搭建的最小模型。

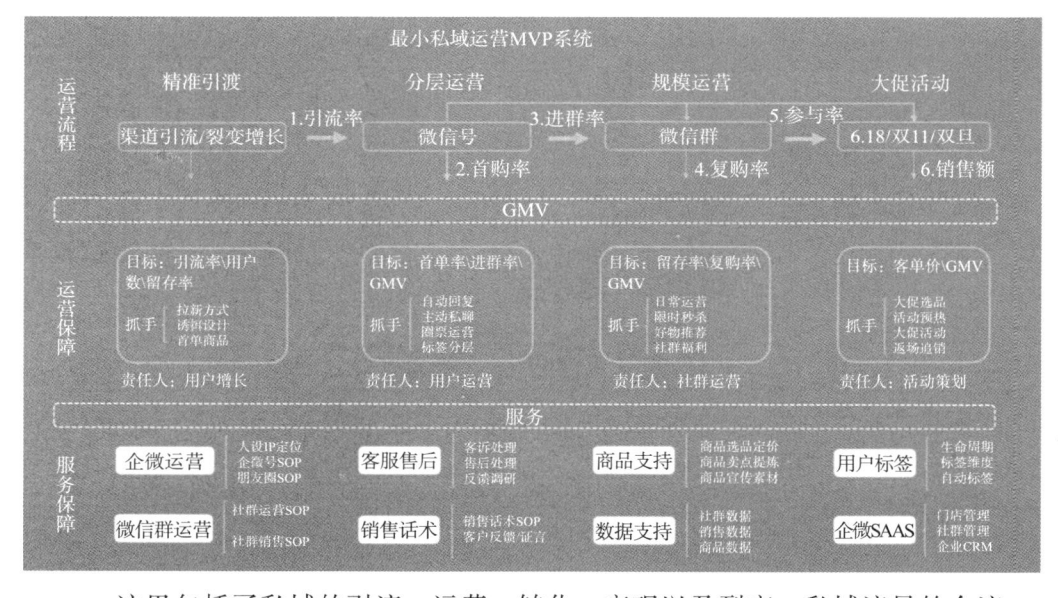

![最小私域运营MVP系统图]

这里包括了私域的引流、运营、转化、变现以及裂变，私域流量的全流程都在这张图里面。在最小私域模型里，我们应该如何打通整个私域的变现体系呢？我们先把最小模型拆解开来看。

在引流加粉的过程中，我们需要先设计好线上线下的引流渠道，控制好加粉率，将用户导入我们的流量池。用户加过来之后，可以沉淀在企微，也可以沉淀在个微，建议多触点沉淀。之后我们再去用社群做一对多的转化。

当然，那种特别的高客单价，比如奢侈品、定制服装，就不太适合用群做批量的成交。对于高阶会员，一般不太会用这种社群的维护，因为越高客单价的用户，他在社群里的体验会相对越差一点，所以我们一般都是针对低客单价的用户才会做社群的运营。

在社群里设置好日常的运营动作，像好物秒杀、好物推荐、会员日、福利日等，对用户进行日常的激活和转化。在一些大型节日节点上，我们也会做一些大促活动，通过批量的快闪发售的形式，来带动整个 GMV（商品交易总额）。这就形成了一个从用户引流、留存、运营到大促变现的完整链路，也叫最小 GMV 模型。

快闪发售模式在整个私域流量体系框架里占了很大的比重，前端流量进来了，流量运营产生的效果如何，就要通过快闪发售模式来验证。当你验证了你的快闪发售的模式是成立的，那么也就意味着前端的流量，可以源源不断沉淀到整个流量体系里面来。那么我们就可以每个月设计一场快闪发售的模式，把新的流量不断通过运营转化，快速地去变现，这样就形成了一个循环。

我们加了用户的好友之后，运营留存应该怎么做？如何更好地与用户建立起关系呢？常用的运营策略有：每天早报、下午喝茶种草、晚上打折清库存……我们的免费情报社目前也是这样运营的，每天早上10点发今日热点和干货，下午3点给大家发干货资料包。

除此之外还有会员日，尤其是社群里，每个月的会员日是很关键的一个节日。在会员日里，也可以做一场小型活动，给大家发一波折扣券，来调动用户复购。最后还有一些日常的互动小游戏，跟用户在社群内建立起链接和黏性。

私域浪潮式发售：
快速搭建私域流量成交和变现系统

同时我们也会设计阶段运营策略——复购、转化、聚焦月/周/日转化的策略。

比如一月一节日，像3·8女王节、年货节、品牌日、积分月、新品推广……这是基于每个月的运营节奏。

另外就是一周一重点，像话题讨论、投票活动、抽奖活动、主题活动、留言活动……这些都是我们每周做运营的一个核心抓手。

同时我们一日一话题，像每天热点讨论、一日话题、互动小游戏、每天的知识分享、使用的讨论、内容的种草、产品的秒杀……

这些都是我们在整个运营过程中需要去设计的运营流程，让用户在社群里有一个更好的体验，方便我们后端的转化。

6.2 快闪群发售案例

6.2.1 餐厅销售粽子礼盒快闪发售，3天成交1200多盒

这个活动我们用了大概3天的时间，采用快闪发售的模式，在个人号的朋友圈里卖粽子，最终成交了1200多盒。整个流量池当时只有不到3000个好友，但是最终的成交率非常高，这要归功于整个发售流程的设计。

首先，我们要知道快闪发售的执行路径：售前、售中、售后。我们把售前、售中、售后再细分成造势、预售、发售、追售。所谓的售前就是造势和预售，售中就是发售，售后就是追售。虽然名称不一样，但是它的底层逻辑是一样的。掌握了发售流程设计的底层逻辑以后，要活学活用，不仅要知道单个具体的方案如何设计，也要知道单个方案背后的底层逻辑应该如何设计。

当我们要设计一个快闪发售模式和流程的时候，前期的深度预热要占60%以上的比重，活动的成果与否，与深度预热环节紧密相关。

预热的目的就是要让用户感知到你即将发售的产品的价值，参与到你的发售流程中，最终能在预售和发售的环节中产生购买行为。但凡你需要让用户主动举手付费，就得先让用户知道你即将推出的活动或者产品，接着再给用户一个主张，让他产生兴趣，吸引他的注意力，然后还要在朋友圈不断地

去塑造产品价值，让他感知到你的产品能够解决他的痛点。

我们在售前预热的时候，一般会有三种预热的方法：活动调研、有奖竞猜、拼团预告。

这三个预热的方法是比较常用的，如果结合之前章节里的朋友圈剧本化发售，你会发现在朋友圈里预热造势还有很多其他方法，这里只是举了一个比较简单的可复制的流程。

在这个简单可复制的流程框架里，你完全可以加入上一章节的内容。比如，如何去塑造价值，如何去做价值包装，如何限时限量，如何引发用户的互动、互动有礼……

第一条朋友圈：活动调查。

> 最近好多客户都来问我有没有活动，要不你们留言告诉我，最希望哪个产品做活动？！留言最高的产品，我去跟老板申请！

> 评论区：我申请的活动只有微信好友才能享受。

我们在去做一场快闪发售活动之前，为什么要发一个活动调研的朋友圈？这个朋友圈对我们整个活动的发售起到了哪些作用？

我们之所以要发这一条朋友圈，核心目的就是要让我们的潜在客户知道我们正在做什么，知道我们即将有产品要进行发售。所以这条朋友圈的作用就至关重要了，哪怕这条朋友圈没有任何人给你点赞，没有任何人跟你互动，也需要去发，主要是起到前期造势的引导和切入。

第二条朋友圈：有奖竞猜。有奖竞猜也是互动有礼的一种形式。

> 上条朋友圈太多朋友回复了！没想到最多人想要的居然是它。你们猜一下是什么？点赞超过 50 人，我就向总部申请这款产品的重磅活动！！！能不能搞活动就看你们的了。

> 评论区：才发了一会儿，就这么多人点赞了！

也就是说，第二条朋友圈一定是呼应上条朋友圈的，并且在这条朋友圈里，塑造出活动很受关注的场景。文案可以类似于"我这条朋友圈才发不一会儿，就这么多人点赞……"其一是引导大家点赞，其二是让大家知道我们产品的关注度非常高。做任何活动，都要先把这种氛围给塑造起来。

第三条朋友圈：拼团预告 1。

> 好消息，这次呼声最高的竟然是端午节粽子礼盒，也太会选了。是不是因为端午节快到了呢？我申请了 2 天终于拿到了优惠！不过优惠多少，要看你们的点赞量哦！点赞越多，能申请到的优惠也就越多！！！

> 评论区：大家动动手指，说不定我能申请比往年还要低的价格，就靠大家的了。

第四条朋友圈：拼团预告 2。

> 早！昨天的朋友圈超 80 人点赞了！我已经申请到了比 VIP 还优惠的价格，今晚 8 点我会开放进群团购名额，想参与粽子团购活动的，请给我点赞！到时候我在这条朋友圈提醒你！

> 评论区：记得点赞呦！时间数量有限，大家先进群，耐心等待，16 号早上 10 点开始活动！

第五条朋友圈：拼团预告 3。

> 早！端午粽子团购活动还有 2 个小时就要开始了，还没进群的朋友快扫二码进群！数量有限，没正式开团就被锁定了 100 多盒，活动开始分分钟被秒光！优惠只有 48 个小时！群内有粽子大使来给大家去答疑～

> 评论区：朋友圈快进群啦！群里有粽子大使给大家答疑。

这个过程特别重要，因为进群的人就是参与活动预售的人。

不管你用什么样的形式，什么样的方法，一定要尽可能多地把所有有潜在意向的举手的人，都转化到我们的团购群里面去，只要他进群，就有可能被你转化。

第六章 用户批量成交的快闪群发售方案设计

除此以外,在拼团预告的环节里,你还可以拿出更多的朋友圈内容去塑造你的产品价值。

最后就是要追评前几天高赞的朋友圈,为什么要追评呢?因为活动已经开始了,现在开始进群预售了,所以我们需要提醒那些之前给你点赞的人。我们可以在评论区留言说:"我们的预售群现在已经建好了,大家赶紧看我的第一条朋友圈,扫码进群开抢!"此时曾经给你这条朋友圈点赞的所有人都能看到这条留言,相当于我们又给了他们一个通知。

很多人都对建用户群比较抗拒,不知道用户进群以后怎么去运营,担心用户进群后无法活跃,无法变现。其实完全不用担心,用户愿意进你的群,就说明我们已经把用户做了一遍筛选了,这些人都是有潜在购买意向的人,他有付费的能力和意向,至于会不会付费,就看你如何去把控节奏,营造氛围,引导付费了。所以售中氛围的营造也是至关重要的环节。

售中氛围应该怎么去营造呢?我们可以把用户进群想象成把用户聚集到了线下会场,开了一个会销的线下转化课程。如果我们要让会销场景火爆,应该怎么去做呢?制造畅销!让他们看到很多人都在排队买,那么他们也会从众,产生购买。他们会觉得,如果在这个会场不买,我就会错过这个产品,错过这个活动,错过这个优惠……所以这个过程中,氛围的把控尤为关键。

那么氛围怎么把控呢?万一冷场怎么办?避免冷场最优的方法就是在群里埋入我们的小号,通过小号来引导其他人互动,引导其他人参与到举手中,在预售阶段引导大家去成交。

朋友圈预热完成后,我们会把更多的时间、更大的精力都放在我们的预购群里,然后第三天的晚上,我们会在群内正式发售。

微信群内我们去刺激用户常用的四大策略是:签到红包、团单接龙、下

私域浪潮式发售：
快速搭建私域流量成交和变现系统

订单雨和倒计时结束。

在用户进群之前，我们会先设置一个群规，说明这个活动的流程和一些基本规则。

> @所有人，亲爱的皇后们，欢迎来到皇后端午礼盒团购群。
>
> 【禁言】现在是进群阶段，活动还没开始，请不要说话打扰其他人哦。
>
> 【置顶】大家提前把群置顶，避免错过活动，禁言不会打扰到大家。
>
> 【活动】这次向老板申请到了很优惠的价格，比你们在店里买还优惠，但优惠内容暂时保密。

这里的优惠内容可以有两个选择，一个是你的产品价格，提前透露之后让大家觉得优惠超多；另一个是在群里有超低价秒杀的名额。曾经有一次，我们采用了类似策略，设计了一个1万毫安的充电宝，这1万毫安的充电宝我们是多少钱抢的呢？19.9元！1万毫安的充电宝只需要19.9元就可以买得到，心不心动？是不是也想要买一个？大家看到这个群里有这样的福利，虽然其他产品他不需要，但是他可能想要抢一个充电宝，那么他就会选择进群。进群之后，他看到其他人都在买买买，多多少少都会被带动着买一些东西，也就是我们常说的从众心理。

在开始售卖前，我们也可以发签到红包，把群激活，让用户在群里跟我们互动起来。比如在的回复1，抢到的回复666，抢了红包的签到……现在有了拍一拍，我们也可以说，抢了红包拍一拍我……这些都是调动群内氛围，先让群热起来的方法，让尽量多的人看到活动即将开始。

第六章 用户批量成交的快闪群发售方案设计

当预售活动开始后，我们要用小号带动群内的已购用户进行群接龙。为什么要在群里面接龙呢？很重要的原因就是让那些没有下单的人看到已经有很多人下单了，如果他不下单的话，可能就会错过我们这些优惠，刺激大家产生付费行为。所以一定要用团单接龙，而不是简单的群接龙的小程序。

除了用团单接龙的形式，我们还可以制造订单雨。订单雨就是用户下了单之后，引导用户把付款截图发到群内，形成一种短时间热销的景象。也可以收集用户的付款截图，付款记录，然后我们自己发到群里，也可以在群里不断地发谁谁谁已付费，还剩多少份……另一方面，也可以按照活动截止时间，实时发售数据来设计紧张感，比如"距离活动结束仅剩1个小时""短短1个小时，已经卖出去××份"这类话术，来形成热销的场景。

待用户购买后，我们的重点就要放在售后追踪上。售后追踪简而言之就是追售。

活动结束之后，我们如何跟进和追售呢？

第一，将我们现在的进度发在群内。比如我们开始发货了，把发货的照片发到群里。

第二，好评反馈。发售群里必然有人是没有下单的，如何刺激他们下单？我们可以引导用户好评，说这个产品真不错、非常好用、质量很好等。其他没有成交的用户看到以后，因为好奇加上自己也有这种需求，于是就会下单。

第三，预告下期。预告下期就是来让你的用户知道，我还可以继续抢。预告之后，二期就可以启动了，同样按照预告、预热、发售的流程进行发售。这部分内容我们前面已经讲过，这里我们只看群内动作。

比如："前两天做活动，很多客户都是4盒、5盒地购买！这次临时补货只有200盒，数量不多！大家抓紧时间！手慢无！"

用这种限时限量的方式，再加之前群内的价值塑造，再次发售一波。

每场活动结束之后，我们一定要告诉用户，这场活动我们只用了多长时间，就卖到了一个什么样的效果，然后再把发货的进度、发货的过程在我们的朋友圈、社群里不断地去晒、不断地去发，让大家知道，原来活动这么火爆，售出了这么多！

6.2.2　九阳单店快闪群发售，2小时成交200单

家电的复购率不是特别高，日常的地推效率也已经很低了，那么在基础流量很少的情况下，有没有什么办法能够一次性大量发售呢？我给这家门店的建议就是——快闪群发售。前期激活朋友圈好友，通过各种方法找到本地的社群，从这些群里转化出意向客户，将所有的意向客户都拉进群，进行群内快闪活动，整场发售的流程如下。

（1）造势。

第一步：活动调查。

> 最近好多九阳粉都来问我有没有活动，要不你们留言告诉我，最希望做什么活动？留言最高的产品，我去跟老板申请活动。
>
> 活动1：团购活动
>
> 活动2：抽奖活动
>
> 活动3：赠券活动

> （同时私信所有好友）您好，可以请你帮个忙吗？最近好多九阳粉都来问我有没有活动，您最希望做什么活动？留言最高的，我去跟老板申请活动。
>
> 活动1：团购活动
>
> 活动2：抽奖活动
>
> 活动3：赠券活动
>
> 直接回复数字即可。为了感谢您的支持，活动开始后，您可以持信息到店领取礼品一份。

我们做完调查之后，要接着用剧本化的文案让意向用户不断举手。

第二步：有奖竞猜。

> 上一条朋友圈太多朋友回复了！没想到最多人想要参与的居然是它！你们猜一下是什么？点赞超过50人，我就向总部申请这个活动的重磅产品优惠！！能不能搞活动就看你们的了！！！

> 现在快下班了，我还在跟老板申请活动福利，努力给大家争取福利！大家赶紧给我点赞，让总部看到我们的热情！！这样我更容易申请到！

> 好消息！这次呼声最高的竟然是团购节活动！也太会选了吧！是不是会员日快到了？我申请了2天，终于拿到了优惠！不过优惠多少，要看你们的点赞量哦！点赞越多，能申请到的优惠就越多！

> 亲，我遇到了难题，想要拼团的伙伴太多了，我都不知道该选什么产品啦！快来告诉我你想要什么，投票！投票！投票！
> A.早餐机；B.空气炸锅；C.烤箱；D.破壁机；E.茶吧机

这里又做了一次调研，前后总共做了两次小的调研，第一次是确定活动的形式，第二次是挑选活动里面的产品。目的就是让大家知道我们将会发起一场活动，然后用什么样的产品去发起团购活动，而且这些产品届时价格会非常划算。

第三步：拼团预告。

> 咱们九阳家电之前可从来没有做过团购活动，很感谢大家这两天的积极点赞，现在已经确定了，我申请到了价格比线下门店还优惠。

> 评论区：不过这次优惠只限微信群享受，明晚我会建团购群。

这里就开始预热了，大家进群就可以抢到最低折扣。

> 昨天早上的朋友圈超过了 80 人点赞，我已经申请到了比 VIP 还优惠的价格，明晚 8 点我会开放进群团购的名额，想参与九阳团购活动的同学给我点赞，到时我就在这条朋友圈里提醒大家。

> 今晚 8 点，九阳小家电拼团秒杀活动就要开始啦，需要进群的亲们赶紧扫码进群。

> 九阳工厂价了，想要九阳产品的进群了。

> 早！九阳家电团购活动，剩 10 个小时开始，还没进群的朋友们快扫二维码进群，数量有限，没正式开团就被定了十几台了，活动开始分分钟被秒光。

> 本次活动是九阳工厂价直接秒的，活动力度很大，想要九阳产品直接进群了。

私域浪潮式发售：
快速搭建私域流量成交和变现系统

> 需要的亲们，抓紧时间进入秒杀群啊，这个活动结束绝对没有这个价格了，错过这个村再没有这个店了，我不能在下个店等你。

> 大家吃饭了吗？九阳家电团购活动，剩6小时开始！！内部员工也想参与这次团购活动，被拒绝了！

连续的几条朋友圈，充分地预热产品受欢迎的程度、产品的优惠力度，要让我们的潜在用户感知到产品的价值和活动的价值。

紧接着就是连续几条活动开始的倒计时文案，还要在文案下方附上群活动码和活动开始倒计时的海报。例如"距离九阳工厂秒杀还差2个小时，没有进九阳粉丝团购群的家人私聊我，拉你们进去哦！"此类文案。

（2）发售。

第一步：签到红包。

> （活动倒计时10分钟海报）大家在吗？我是九阳团购大使！活动准备开始！我要发红包啦！我要发红包啦！我要发红包啦！在的扣1！扣1！

扣1的目的就是激活，在群里面做接龙扣1或者接龙说"我要参与团购""我要秒杀"等，让大家参与回复一个字，一小段话，都是很好的用户促活的形式。

接着就在群内开始正式发售。

第六章 用户批量成交的快闪群发售方案设计

> 九阳电烤箱32J12,市场价499,活动价仅需299,仅限60台,32升超大容量,精准定时,精准控温,轻奢颜值。

大家一看这个原价近500元,现在只需要300元就可以买了,那我也要抢一个。

每次发售只选10个产品,然后这个产品是按照顺序去介绍的,每个产品仅能团购10分钟。当团购大使介绍完这个产品后,开始引导大家下单,下单之后业务员来晒单,让大家看到活动的火爆。10分钟后再进行第二个产品介绍和晒单,之后是第三个产品,第四个产品……每隔三个产品,我们都会拿出来一款秒杀品,比如说99元的绞肉机。所以大家的注意力会一直集中在整个活动当中。

第二步:实时战报。设计这个海报的目的,同样是让群内的人看到活动的火爆程度,刺激用户赶紧下单。

> 短短20分钟,九阳家电突破60件!还有不少同时买两件三件的,活动一年仅此一次,错过要等明年!剩余数量不多,大家抓紧时间!

当时群内发售1小时,最终单群成交200单。

(3)追售/跟进。

活动结束之后,顾客上门提货,或者我们去发货的时候,都会刻意拍一些提货的照片、送货的照片,然后发到群内,用以追销那些还没下单的人。同时也会找一些关系比较好的客户聊,做一些客户好评的见证,发到朋友圈,让其他人看到我们的活动成果。这里注意,把有意向的用户、已经成交的用户都加到企微上,进行客户维护,这些都是我们下次做活动的基础流量。

6.2.3 珠宝门店快闪发售，3天成交1180单，后端转化100万元

这个案例的流程跟之前的流程很像，但是发售的玩法又不一样。因为珠宝属于高客单价的产品，对于高客单的产品，我们在之前讲过，很难在群内直接成交，所以我们一般情况下可以卖权益卡、卖定金，这些属于我们引流的产品。

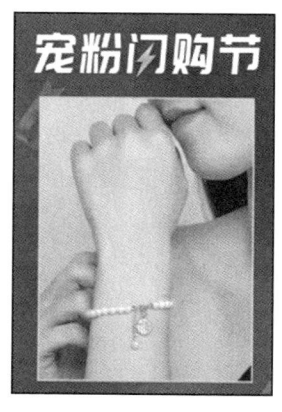

我们当时选择了一个福牌天然珍珠手链做引流品，做了一场2小时的快闪成交发售，最终群内成交了1180单，保守估计能够有效带动门店将近100万元的营业额。这个珍珠手链在店里面一般卖三四百元，在京东、天猫、淘宝上也是三四百元，但我们的秒杀价格只有99元，也就是我们在用成本价去做引流。引流品我们是不会用来挣钱的。

我们这场活动有一个特殊点在哪呢？我们所有门店的店长，是集中到线下做了三天两夜的培训，也就是我是带着这些店长去做了一场发售活动，它不是纯发售的形式，而是店长在学习过程中的实操，直接做发售的流程。

第六章 用户批量成交的快闪群发售方案设计

（1）售前深度预热。

朋友圈预热的三个方法：活动调查、有奖竞猜、拼团预告。

第一步：活动调查。

> 各位家人早上好，我正在参加公司组织的学习活动，我们发起了朋友圈点赞挑战赛活动，比拼看谁的朋友圈点赞好友多，麻烦大家帮我点个赞。第7个、17个、27个……以此类推点赞的小伙伴都会收到一个小红包哦！
>
> （附图：现场学习的照片拍摄，一张自己的照片）

为什么要做这个动作？我们只不过是用这一条朋友圈来快速地把他的朋友圈做一个激活，让他的朋友圈的用户知道他目前在干什么，这也是我们在做发售场改造的时候比较简单有效的一种形式，用特别简单的话术、简单的文字把这些用户做一个快速的激活。

> 最近很多家人私信我，店里有没有什么活动？要不你们留言告诉我，最希望什么产品做活动？留言最多的，我去跟总部申请！

第二步：有奖竞猜。

> 上条朋友圈才发了两个多小时，就几十个小伙伴留言、评论，没想到竟然这么多人想要福牌天然珍珠手链！是不是最近刷视频被种草了？

私域浪潮式发售：
快速搭建私域流量成交和变现系统

> 来来来，我看看还有谁想要这个产品的活动？动动手指，点个赞，老板说了点赞越多，活动力度越大！
>
> （附图：1张福牌天然珍珠手链产品简介图）

第三步：拼团预告。

> 好消息！经过各位家人们的努力，终于给大家申请下来了宠粉节活动。只能说，这个活动优惠实在太赞了。大家猜一下，这个原价400多元的天然珍珠手链宠粉价格是多少钱？

> 评论区：（半小时后评论）有猜299的、199的、128的，哈哈哈，都不对。

> 大家可以从淘宝上搜"黄金小福牌珍珠手链"，上百条好评，售价400多！

> 这次我们申请下来的活动仅限微信好友才能享受，全省上百家门店同步活动，只有1000份……

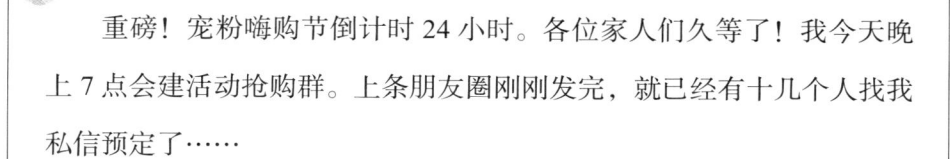

第六章 用户批量成交的快闪群发售方案设计

> 重磅！宠粉嗨购节倒计时 24 小时。各位家人们久等了！我今天晚上 7 点会建活动抢购群。上条朋友圈刚刚发完，就已经有十几个人找我私信预定了……

> 评论区：活动限时 12 月 3 日下午 2～4 点。
>
> （附图：倒计时 24 小时海报 + 手链照片 1 张）

在建完群后，有一个很关键的动作——在之前点赞最高的朋友圈评论，说我们这个活动马上就要开始了，看我最新一条朋友圈。让之前举手的用户尽量多地进群。

进群以后，群内用户的氛围营造也是同样的流程。签到红包、团单接龙、下订单雨与倒计时结束。

（2）发售。

第一步：签到红包。利用红包雨，强制提醒群内用户使其关注即将开始的活动，参与到活动中。

第二步：团单接龙。群接龙不只是我们团购的接龙，群接龙也包括打卡的接龙，比如"2 点不见不散""2 点抢""2 点见"。

第三步：下订单雨。引导用户主动分享，"×××已买""我订了五条""已付款"……大家可以看下面这个图，是当时的一个群，这个群里有 209 人，有 66 个人都参与抢购，其他人看到这么多人都在买，是不是也会心动？所以在这个群里面，我们会引导大家通过群接龙的形式，参与到这个活动中来。群接龙 +

群里面的倒计时海报+用户的付费的截图，来刺激大家产生付费的动作。

（3）追售/跟进。

活动结束后要持续跟进，常常采用的是进度播报和好评反馈。

当有人上门自提之后，现场拍个为她佩戴手链的照片，让大家看看呈现的效果，当然，肯定选一些比较好看的去呈现……然后再加上其他用户拿到之后在群内的好评反馈，都能大大提高产品价值。

6.2.4 快闪群发售的注意事项

以上是3个不同的发售案例的部分操作流程和框架。这些具体的步骤和框架你在应用的时候可能会存在一些问题，这里也给大家做一个补充。

第一，当你去做快闪发售的时候，选品很关键。你的引流品如果价格太高，就会提高用户付费的门槛。我们一般都是选100元以下，最高不会超过200元的产品，然后在群里直接做成交，用户的受欢迎程度才最高。

第二，你在设计整个流程的时候，一定要有一个引发好奇、互动参与、价值塑造、限时限量、营造畅销、预售建群的这么一个流程。它跟我们在朋友圈发售流程其实很像，这些都可以归纳为发售的四部曲：造势、预售、发售、追售。

第三，流程和节奏要把控好。发售的流程是否顺畅，节奏有没有把控好，都会直接影响用户产生付费的行为。

第四，团队激励。我们可以结合群内的成交情况，每个员工成交多少单，去设计PK机制。当把员工的激励做上去之后，就能够达到事半功倍的效果。

第七章
百万发售秘籍，
求助式发售方案设计

私域浪潮式发售：
快速搭建私域流量成交和变现系统

7.1 求助式发售的底层逻辑

当我们有一个产品想要去做发售的时候，比如一个课程、一个训练营、一本书……当你的活动、你的产品、你的服务马上就要推出来的时候，如何做到让别人知道你即将推出来的这个产品，但是又不留下推销的痕迹？

我特别不喜欢去推销，到处去私信说："你好呀，我有一个什么课程、有一本书即将上线，现在邀请你加入，你可以去看一下适不适合你……"

这种推销在我看来是一件特别低级的事情，而且特别容易引起好友反感。当朋友圈的好友已经开始反感了，又何谈让他们知道我即将推出的产品呢？还怎么去吸引他们的好奇心呢？

"好奇心"这三个字大家一定要记住，用户付费的80%以上的因素都是因为好奇心！

曾经有一位写朋友圈非常厉害的老师，将自己的朋友圈文案整理出来，做成了一本内部资料，然后在朋友圈里为这套资料做价值塑造。我看到了以后，觉得这个资料的价值非常大，于是就咨询那位老师，但是该材料是内部资料，只送学员，不单独售卖，于是我自然而然被该老师转化，付费成为他的学员。这就是好奇心导致的，因为我好奇里面的内容，觉得里面会有我需要的，于是我主动举手。

所以，我们在设计产品发售的时候，也要用"好奇心"去吸引用户的注意力，抓住潜在客户，达成转化。

另外，在我们进行新品发售的时候，如何让潜在用户发挥协同作用？我不知道产品应该怎么定价？如何进行产品交付？不知道大家更喜欢哪种新品？我的知识课程还没有开发好，能不能上线？我的训练营还没有把课程录好，能不能上线？其实，这些都不是问题！反而可以根据这些问题，和我们的潜在用户展开对话，并且让我们的潜在用户和我们展开协同作用，帮助我们做好产品的开发、产品的交付，甚至是产品的销售。

在我们求助的过程中，如何与潜在客户展开对话，吸引他们的注意，很关键。我们的目的是引发好奇，引起他们的注意，让他们关注我们即将上市的产品，并且愿意主动参与到我们这个产品设计中来。

我们不知道用户喜欢什么，想要什么，有什么需求，如何向潜在客户提供合适的产品？

所有这些问题，只需要一个办法就可以解决——求助式对话。

求助式对话不是简单地问一个问题，这个问题必须是经过精心设计的。

这个问题需要符合什么条件呢？第一，能够给我们回复的人，我们要能把他识别出来，他就是我们的潜在用户。第二，我们要给所有群发求助的这些用户一个赠品。要同时符合以上这两个条件，我们才能够完成一个比较好的求助式对话，让所有收到信息的人，都能够参与到我们的新品开发中来。

我们来看一下简单的求助式对话案例。

案例一：

你好啊，能请你帮我一个小忙吗？最近有一件事情让我苦恼，已经失眠了快半个月了，我想你可能能帮助我，是这样的……

我最近遇到……事情／我最近在思考……这个问题你能不能帮我解答一

下？如果是可以的话回复1，帮我填一个调查问卷可以吗？如果您填了这个调查问卷，为了答谢您，我给您准备了一个……您看行不行？

案例二：

你好啊，可以请你帮个小忙吗？马上要到"五一"假期了，我们公司想给铁粉们做一次福利活动，但是又苦恼不知道做什么活动合适，你能不能帮我选一下……

当然了，为了感谢您的支持，这个活动开始的时候，作为感谢也会赠送给您一个优惠券……

案例三：

你好啊，能不能帮我个小忙？经过6个月的筹备，我的产品终于要上市了，但是为了更好地了解大家的需求，能不能帮我填一个调查表，如果您填了这个调查表，我就赠送给你几节课程……

这几个案例中的调研，都满足了我们之前所说的两个条件。所有给我们回复的人，都是对这个产品有意向的人。此时，我们再给他一个赠品，那么他就不会删除我们了，因为我们给了他一个福利。

我们指的求助式对话，就是给我们的好友发一个求助式的私信。不管是求助式对话，还是审核式发售，它的核心原理都是不断地让用户举手，最终达成成交。这就要求我们要站在客户的角度，从不同的维度设置用户可以举手的一些动作。

第七章 百万发售秘籍，求助式发售方案设计

```
举手 → 成交
  ↓
抓潜 → 培育 → 发售 → 追售
```

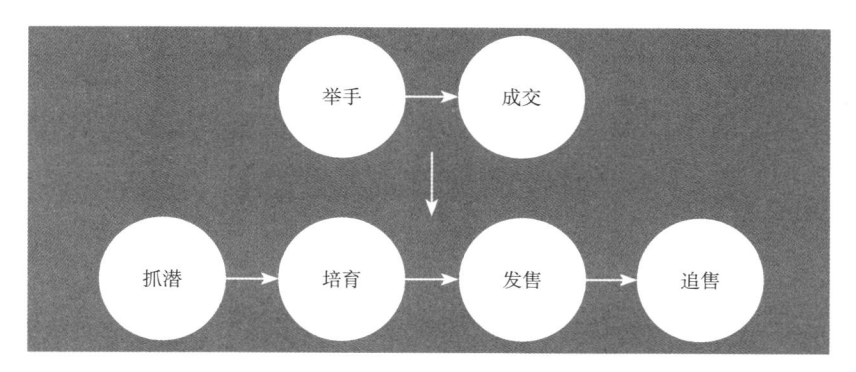

同样，如果我们在发售的过程中，把每一个潜在客户的痛点都用文案的形式在私信群表达出来，那么所有有这个痛点的人都会举手。

当潜在用户举了手，下一步就进到了你的成交的流量池。

用户从举手到成交的过程，又可以细分为抓潜、培育、发售和追售四步。

举手其实就是在抓潜，抓出来你的潜在客户。所有给你回复的人都是你的潜在客户。举手之后，你要给他一个培育系统。什么叫培育系统？其实就是让用户一步一步地感知我们产品的价值，对我们建立起信任的过程。

那么用户应该怎样培育呢？我们可以给用户发一个干货资料，然后在朋友圈里不断地打造用户见证，不断地去塑造我们的产品的价值感等。

当用户培育达到了一定值之后，我们就可以开始发售了，一部分对我们产生信任值的用户会产生付费的动作。还有一部分人没有付费，那么我们可以通过追售的形式，让未付费的用户产生付费的动作，已经付费的用户付更多的费。

所有的营销都可以按照抓潜、培育、发售到追售这套流程来做。

底层逻辑大家已经清楚了，那么接下来我们看一些具体案例。

7.2 求助式发售训练营产品SOP流程

求助式对话就是把我们编辑好的文案，群发给所有的潜在客户，如果不知道谁是我们的潜在客户，那就发给所有的好友。

以某小红书训练营课程为例。在造势环节，我们可以这样展开求助式对话。

> （私信）您好！经过长时间的筹备，我即将完成"小红书训练营"课件的最后审核工作，并计划在 × 月 × 日推出。在此之前，为了保证内容的实操性和应用范围的广泛性，我想征询你几个问题，不知道你可不可以帮我这个忙？
>
> 当然我会赠送4节价值99元的"小红书涨粉基础课"给你。

我们把这个私信拆开来看。"我即将完成"，表达了我即将做的一个产品。"计划在 × 月 × 日推出"，把要推出的时间告知用户，还有"为了保证内容的实操性和应用范围的广泛性"，目的是想让更多的人有更多的实操，所以我现在来征询你几个问题。

只要回复我们的人，都是我们的潜在意向客户，我们不能说他就是潜在想要购买的人，但他肯定是有一点意向的。在这个过程中，我们又给了他一个诱饵，"当然我会赠送4节价值99元的'小红书涨粉基础课'给你"。这就符合我们的求助式对话的核心：所有给我们回复问题的人都是我们的潜在客户，我们要给我们的潜在客户提供一个礼品，然后这个礼品反过来又能帮助我们去转化产品。

当然，这种调研表的形式一般是知识付费的产品比较适合。如果你做的是实体的产品，用调研表的话用户的操作成本比较高，他有可能会流失掉，所以实体产品我们可以直接让他在朋友圈里做选择题，也可以直接发一段话让他回复123。所有给我们回复的人，我们都要给他打一个潜在用户的标签。

在设计调研表名称的时候，也是有技巧的，比如我们叫它"小红书训练营课程意向表"。为什么不叫"小红书训练营课程调查表"呢？之所以叫意向表，目的就是给用户植入一个潜意识，让他在潜意识里认为自己已经有意向报名我们的这个课程了，所以从标题到每一段文字的设计，都是经过深思熟虑的。

在整个调研问卷文案中，我们又设计了激发好奇心、塑造价值、营造参与感和价格锚点暗示四个部分的内容。

第一段文案：激发好奇心。

> 你好，经过长时间的筹备，我即将完成小红书训练营课件最后的编辑工作，我花了近4个月的时间来制作这个训练营的课程。现在终于要圆满完成了，我们将于 × 月 × 日正式开始发售。

这是不是瞬间激起用户的好奇心？哇！你用4个多月的时间做这个课，投入了很长的时间和精力，这个课程含金量应该挺大，这种好奇心立马就被

私域浪潮式发售：
快速搭建私域流量成交和变现系统

调动起来了。

第二段文案：塑造价值。

> 这次的训练营我将关注度聚焦在小红书快速涨粉上面，它包括账号的定位、ABC 账号法则、小红书引流诱饵、爆发式裂变玩法，我将把自己所了解的小红书涨粉相关的知识毫无保留地传授给你。

"我将聚焦在小红书快速涨粉上"，这是不是有一个能够让你的用户举手的地方？有小红书想快速涨粉的人，是不是都关注到了这个内容？如果你现在正在做小红书的话，你听完这个之后，是不是也会比较关注这个课程？

第三段文案：营造参与感。

> 不过我需要你的帮助，在我这个训练营开始发售之前，我要确保内容的实操性和应用范围足够广泛，因此我将把你的需求列入我的课程大纲里面。

这就是让用户参与到我们的课程开发中，同时也能够让用户感知到这个课程内容的价值。

所以说求助式发售，每一段话都是经过精心设计的，可以多看一些案例，然后认真地去拆解一下，结合自己的需求，进行有针对性的文案设计。

在后面的问题中，埋入了价格锚点暗示，猜中的送优惠券。

第七章 百万发售秘籍，求助式发售方案设计

> 这里的价格列了5个等级：
>
> A.300～600元
>
> B.600～900元
>
> C.900～1200元
>
> D.1200～1500元
>
> E.1500～2800元
>
> 你觉得我们最终的定价会在哪个等级之间？

正确答案是B。

为什么会设置5个等级？从人的行为来分析的话，绝大部分人都会选择中间的这一档，也就是900～1200元，也会有少量的人会选择1500～2800元，但是只有少量的人选择600～900元以下。所以我们这个课程的最终定价在是799元，也就是在第二档。

其实我们在调研之前就已经给这个课定价799元了，而这个5级价格范围是根据我们的最终定价去设计的，不管这5个等级怎么去设计，你的定价区间一定是在第二档。价格表中我们为什么还会放上1500～2800元的价格呢？这就是我们说的价格锚点的暗示，也就是要让你的潜在客户知道，我这个训练营可能要更值钱。

当我们在去做预售的时候，不断地在朋友圈里预热，塑造产品的价值，让大家知道我们的活动超值。但是我们的潜在客户并没有给我们付费，没有产生行为，为什么呢？

第一，对你的产品不感兴趣；第二，资金不足；第三，不信任你；第四，

私域浪潮式发售：
快速搭建私域流量成交和变现系统

信任你，但是觉得产品不适合。

针对这四个原因，我们应该如何去设计发售的流程和文案呢？

假如他对你的产品不感兴趣，但是他对赚钱感兴趣啊！那我们就可以写一个文案说："×××是一个小红书小白，通过我的培训，对小红书的涨粉、小红书的运营和操作，都有了很大的提升，最后只用了一周的时间就变现了几万元……"这样他的兴趣是不是瞬间就提升了很多？

资金不足说明他对这个产品是有兴趣的，但是他可能因为现阶段没有钱，暂时没有行动。这时候你要给他一个梦想，这个梦想就是，学完之后他可能得到的价值是远超于投资成本的，这样就能大大提升他付费的意愿。

当用户不信任你的时候，你就要拿出第三方用户的见证，来证明你做的是对的。第三方用户的见证是什么？比如，小A说学了课程之后，涨了多少粉，变现了多少钱，不断地用用户见证来烘托产品的价值。

还有一种情况是他信任你，但是觉得产品不合适。什么才是合适？他没有去做，如何才能知道适不适合呢？如果用户出现了这种问题，我们应该怎么回答呢？我们可以用对话框文案的形式，把潜在用户的疑虑提出来，然后给出一个解答，这样一来，你的用户的信任值和信任度就会逐渐提升。

我们前面讲的发售设计，所有产品的预售流程中都有一个很关键的点——让用户感知到产品的价值。这个小红书训练营的流程也是如此。

预售：用户见证→互动有礼→价值塑造→指令行动→价值塑造→指令行动→神秘权益→稀缺紧张。

①用户见证。产品价值如何塑造？用户见证就是其中一种形式。

> （文案）我一直强调听完课程还是要靠自己实操，不断优化，点赞，第一篇就做得这么好。
>
> （附图：用户实操后的好评反馈截图）

其他潜在用户看到之后，对我们的信任值立马就提升了一个度。

②互动有礼。

> （文案）小红书裂变涨粉的文字稿终于完成了，做一次分享真的不容易，点赞本条等我分享通知！
>
> （附图：部分分享内容截图 + 分享群截图）

这就是我们之前讲的互动有礼，你给我点个赞，等我公布，让潜在用户主动举手。

③价值塑造。

> （文案）终于看完了 200 多条的反馈，这次小红书训练营我还特意设置了一个彩蛋——选出一个案例进行精讲，被选中者将获得 200 元的现金红包，案例精选仍在进行中，快拿你的案例砸向我吧。
>
> （附图：调研表统计表）

最重要的就是让大家看到，现在有 200 多个同学给我反馈。反馈越多，就意味着我们能够搜集到的学习的知识点就越多，结合之后，我们的课程的

> **私域浪潮式发售：**
> 快速搭建私域流量成交和变现系统

升级也会更多，价值就会更高。

④指令行动。

> （文案）很多朋友问我，小红书训练课程怎么还没有对外招募呢？其实课程内容大纲早就做好了，但为了给大家提供最新的套路、方法，验证课程能否快速上手，我建了10个新号从0操作测试，以保证整套效果。还是一样，点赞等通知。

这条朋友圈就是给大家指令，让潜在客户产生行动。用户点赞也好，评论也好，他只要产生这个行动，就是在举手，就是对你这个产品感兴趣、有需求。

⑤价值塑造。紧接着继续价值包装。这里采用了干货分享的方式。

> （文案）小红书留微信号的方法，百度云盘空文件夹链接。我们在小红书上回复私信时，可以给对方回复"百度云链接"。首先，在你的百度云网盘里创建一个新的文件夹（空的，里面不需要放文件），然后在这几个空的文件夹里面再创建几个文件夹，名字改成你的微信号。

我们在发售之前要去思考用户为什么会付费，用户付费的过程中遇到了哪些卡点，我们会把他的痛点用第三方跟我们对话的形式表现出来。比如说找一个小号，把用户购买我们产品可能会遇到的问题以私信的形式发给我们自己，然后你来给他解答，之后把这个对话截图放到我们的朋友圈里。这就是给我们所有的潜在用户都做了一个解答。

⑥指令行动。

> （文案）我的小红书训练营即将于 27 号开售，为了保证训练营的质量，仅提供 100 个席位。通过内推已经报名了 48 个人，还剩 52 个席位，27 日发售后先到先得，需要获得特别提醒的，请点赞本条朋友圈。

这个动作一定要做，这是不断地让他产生指令行动的必备动作。

⑦神秘权益。神秘权益也属于我们价值塑造的一部分。

> （文案）搞定了一个超级重磅的渠道。小红书训练营我要放大招了，让你学完立马能够赚回 10 倍学费！！

那么有没有这个神秘权益呢？可能会有！但是用户会觉得，我想要为这个特殊权益加入进来。

⑧稀缺紧张。

> （文案）我的小红书涨粉训练营即将开营！名额开放时间：× 月 × 日晚上 × 点，为了保证训练营的质量，只提供 100 个席位。另外会推出部分早鸟票，仅 5 分钟抢购时间，先到先得。请添加下面的微信号，回复"抢票提醒"。

一旦开始发售，我们还会去做私信触达。私信针对的是在前期举手的人、调研中给你回复过的人，给这些人私信群发产品发售的具体信息，持续地做价值塑造。

> （文案）你好，上次你反馈的我们训练营里面需要加的××内容，我们这一次已经加入进去了，感谢您的支持，我们课程即将于×月×日上线，为了表示感谢，我赠送给您一个100元优惠券，我们现在总共的名额只有100个人……

7.3 求助式发售案例

7.3.1 高客单价私教发售，一次性收款 70 万元

如果你是做知识付费的，做知识 IP 产品的，你一定会有高客单价的产品，这种高客单产品我们应该如何去塑造它的价值呢？记住一句话，用户之所以购买，是因为"信任＋需求"！

信任是可以塑造的，不管你卖多么高客单价的产品，你都要想办法让用户产生付费的动作。比如说负风险承诺："如果你一年没有赚回来 9800 元，我给你直接退费，没有任何理由！"让用户打消他付费的疑虑。

我们当时用求助式发售卖 9800 元一个的联创名额，大概是分了六个大的阶段。

第一阶段铺垫，第二阶段预热，第三阶段预售，第四阶段发售，第五阶段追售，第六阶段截止。

前后用了三四天的时间来塑造价值，让潜在客户知道尹老师这么厉害，尹老师接了这么多的项目，如果是我要学私域的话，我一定要跟着尹老师学习。

私域浪潮式发售：
快速搭建私域流量成交和变现系统

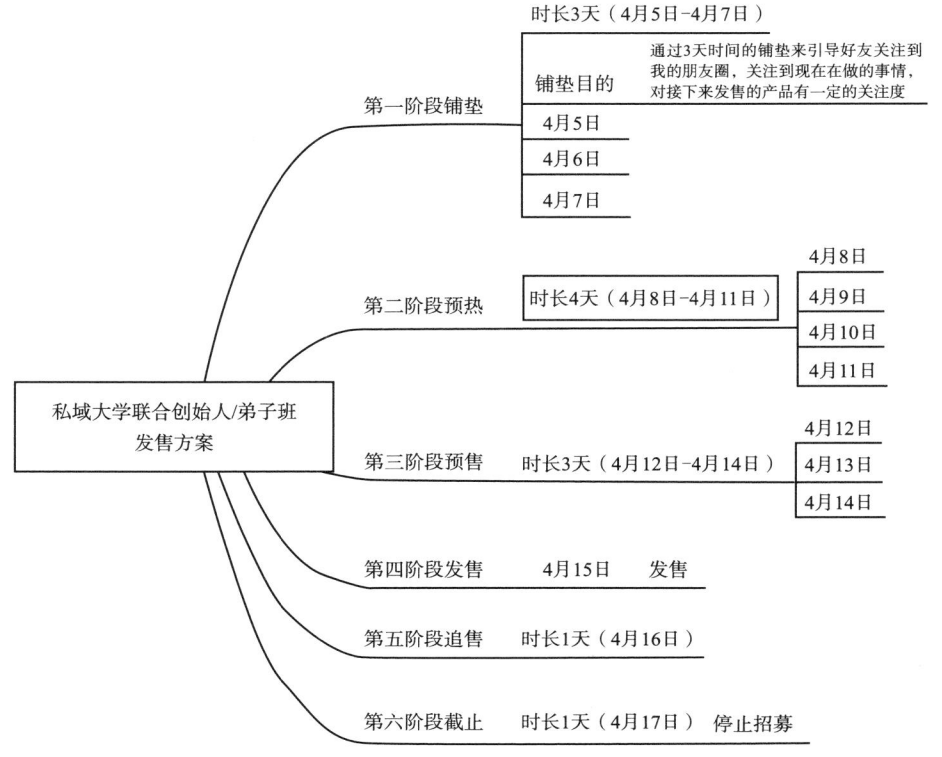

```
私域大学联合创始人/弟子班发售方案
├─ 第一阶段铺垫 ── 时长3天（4月5日-4月7日）
│                   ├─ 铺垫目的：通过3天时间的铺垫来引导好友关注到我的朋友圈，关注到现在在做的事情，对接下来发售的产品有一定的关注度
│                   ├─ 4月5日
│                   ├─ 4月6日
│                   └─ 4月7日
├─ 第二阶段预热 ── 时长4天（4月8日-4月11日）
│                   ├─ 4月8日
│                   ├─ 4月9日
│                   ├─ 4月10日
│                   └─ 4月11日
├─ 第三阶段预售 ── 时长3天（4月12日-4月14日）
│                   ├─ 4月12日
│                   ├─ 4月13日
│                   └─ 4月14日
├─ 第四阶段发售 ── 4月15日 发售
├─ 第五阶段追售 ── 时长1天（4月16日）
└─ 第六阶段截止 ── 时长1天（4月17日） 停止招募
```

第一阶段：铺垫。

铺垫是为了引出我们的预热内容，当预热完之后就要开始预售了，我们在发售这个项目的时候，设置一个发售的审核门槛，不是所有人我们都要的，目的就是要保证我们的交付物能满足他的需求。

第一步，造势，调动用户的积极性。

> 最近一直很焦虑，跟几位流量操盘手的朋友和企业聊，他们也是同样的焦虑，为什么会焦虑呢？做流量操盘的朋友焦虑是因为项目太多根本承接不了，不得不舍弃。做企业的朋友焦虑，是因为自己有

第七章 百万发售秘籍，求助式发售方案设计

> 项目，找不到合适的操盘手来运营，归根结底呢，还是缺人。疫情下私域流量的百度指数暴增，客户需求与市场的增长急速，而相关运营的团队又缺乏。

> 评论区：如果你的企业有用人的需要，请留言1；如果你想成为私域流量操盘手，进入这个行业，请留言2，我们一起交流一下。

这个目的其实就在塑造私域流量操盘手的价值，市场很缺这一类人才，同时塑造企业对它的需求性。当我们的潜在客户看到这个岗位稀缺，就觉得这么多人都需要私域流量，这么多企业都有需求，那么我也要去报名学习。

> 昨天发了关于人才需求的朋友圈之后，又多了几个一起交流的朋友。就像当年淘宝刚出现的时候，对电子人才的需求一样，未来每一个企业都会有自己的私域流量操盘手，我也很难帮他推荐优秀的操盘手，还是大家一起保持焦虑吧。

> 评论区：有多少对私域流量操盘手感兴趣的朋友，留言1，我统计一下。

这是在不断地塑造市场很大，人才现在又很缺乏的价值感。

第二步，激发用户的好奇心。

> 最近几天好几个微信好友私信我，问我能不能带徒弟开个班，这不是说开就能开的，要考虑到交付能力、培养阶段，主要还是我的精力问题，我也想带出更多可以在行业有影响力的人。

这其实就是在做一个用户的潜在的引导，让我们朋友圈里的一些人也有同感。说："尹老师你能不能开个班，我们一块来学习？"这是我们的铺垫。

> 说大事：经过 6 个月的筹备，我即将完成私域大学联创的培养体系的最后审核，并计划 4 月 15 日推出，在此之前，我将私信你一些问题，期待在你的建议下能够做得更好。

这之后还有很多这种激发用户好奇心和塑造价值类的朋友圈没有展示，其底层逻辑都是一样的——塑造价值，塑造用户的痛点。

> 你好，经过长时间的筹备，我即将完成"私域大学联合创始人"培养体系的最后编纂工作，我花了近 6 个月的时间来制作这个成长体系，现在终于要圆满完成这项工作了，我将于 4 月 15 日开始正式发售。
>
> 这次的培养计划为期一年。聚焦点是学员的持续成长，而不是一次简单的培训。主要是为两类学员服务：一类是自己有项目，正在做运营但是想突破的；另一类学员是还没有自己的项目，但是希望进入到私域

第七章 百万发售秘籍，求助式发售方案设计

> 流量这个行业来，做相关操盘服务的。我将把我最近 3 年操盘的数百个项目的经验、SOP、顶层设计赋能给你，让你能在尽可能短的时间内实现突破。包括引流、留存、转化、裂变玩法等。
>
> 不过，我需要你的帮助，在开始发售之前，我要确保内容的实操性和应用的范围足够广泛，因此我将把你的需求列入我的培养计划大纲里面。
>
> 这就是我想向你发出邀请的原因，请你花几分钟的时间回答我下面几个问题，当然，我会送 3 节"私域流量基础课"给你。

在招募调研表中包含了产品推出的时间、产品的价值，同时调动用户参与到调研中来。

接着调研内容："你最想学习私域流量哪部分内容？"一方面用来调研，另一方面也是要看大家的反馈。

同时我们也会有一个猜价格的范围的这么一个调研问题：

> 猜一下联合创始人的价格范围，猜中送 500 元优惠券。（我的一场内训收费 3 万～5 万元；一个品牌顾问咨询收费 30 万～50 万元。）
>
> A. 5000～9000 元
>
> B. 9000～15000 元
>
> C. 15000～20000 元
>
> D. 20000～30000 元

大家看题目下面有一行字，"我的一场内训收费 3 万～5 万元，一个

品牌顾问咨询收费 30 万～50 万元"。那你说我的一个联合创始人应该收多少钱？很多人其实猜的价格是比较高的，比如 15000～20000 元，20000～30000 元……这个就是我们之前说的价格锚点。

再看一个问题选项：

你目前的状态是什么？

A. 有自己的项目，希望系统地学习私域流量运营

B. 没有自己项目，希望学习之后服务品牌方

C. 我是品牌方，希望找到操盘手合作

其实就是我们要通过调研不同的人的不同状态，来看他们对价格的接受程度，以及他们想学习哪一部分内容。

我们最终的定价是 9800 元，是从 9800 元逐级往上涨价，最后我们这个内容收到了 700 多条反馈，这里面大部分人都是对我们这个内容比较期待的。接着我们会根据用户的反馈，再次反馈到我们的朋友圈。

第二阶段：预热。

接着朋友圈继续去塑造价值，打造用户的期待值。

回到酒店，终于看完了 640 多条反馈！这次私域大学联创的培养体系，不只是课程，更多的是内训、实操、带项目，一对一私董会的形式，聚一群人做一些真正落地的事情，不过精力有限，首期联创名额很少，求精不求量。

第七章　百万发售秘籍，求助式发售方案设计

> 很多人问私域大学联创什么时候开始对外招募？实际上次在收到大家反馈之前，已经准备好了相关的体系，只不过最近在大家反馈的基础上持续进行优化，相信可以带领一群人做一些事情。

> 大早上收到好消息，我们私域流量的顾问客户实现单日线上100万成交额。私域流量是所有商业模式的基础，私域新零售是大势所趋，你有自己的私域流量池吗？

这就是在塑造我们的价值，说我们做过这类项目，而且我们是产生过结果的，文案下的截图都是在给我们做用户见证。然后再加上重磅福利，让大家产生好奇，部分人就会因为隐藏的权益而产生付费行为。

预热完成后，接下来就要开始预售和发售了。

第三阶段：预售。

> 倒计时1小时，朋友圈正式开放，私域大学联创申请通道，已被预约10个名额。

私域浪潮式发售：
快速搭建私域流量成交和变现系统

> 私域大学联合创始人班正式开放申请！马上点击链接，请务必认真看完每一个字，然后再提交申请链接。同时也要认真地填写申请资料，你的申请不一定被录取。

当你的产品是这类比较高客单价的知识产品时，你卖的不是课程本身，而是一个审核的门槛。要让大家参与到你的审核中，让大家感觉如果没有被审核通过，觉得很丢人……

第四阶段：发售营造畅销。

> 昨天刚开放申请就又增加了 18 个伙伴申请，接下来我会一对一地去语音审核，报名申请截止时间：4 月 20 日晚 8 点。快速申请通道：扫码图三预付 1000 元审核金，点击链接填写申请 http://×××。

来看一下我们的审核表单，审核表单里面有：你有哪些项目经历，为什么会选择我们，你期待得到什么。因为用户他写自己的期待，就意味着我们能不能交付，如果我们交付不了，或者跟他的期待差别比较大的话，那肯定是没有办法收他的。

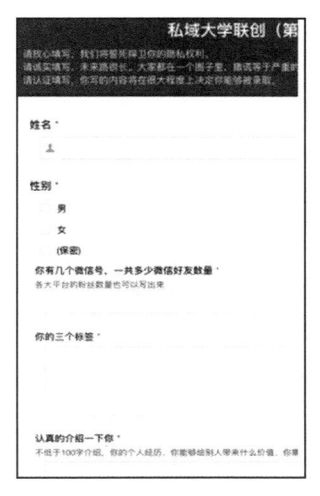

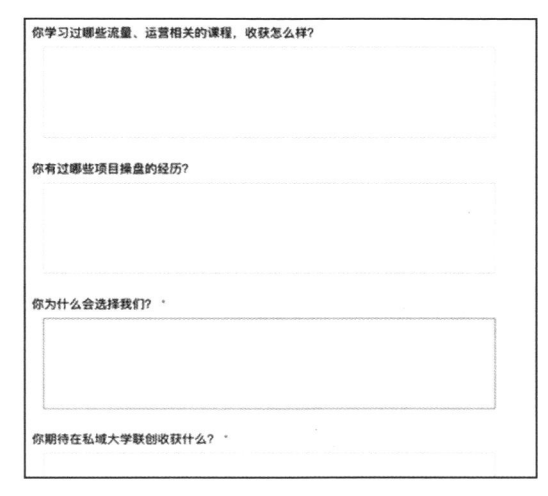

第七章 百万发售秘籍，求助式发售方案设计

在这个过程中我们要去思考，我们究竟要服务什么人，因为你将要服务的这些人，一定要让他产生结果，他有了结果之后，你才能有更好的案例，更好的正向增长。

①用户见证。

> 私域大学联创开始一对一审核，恭喜两位小伙伴。

②塑造价值。在朋友圈介绍麦子老师、千道老师、端银老师，这些人都是我们这次联创的专属导师。也就是你可以通过第三方的能力，第三方的导师资源，来为我们的这个圈子去做服务。

③稀缺紧张。

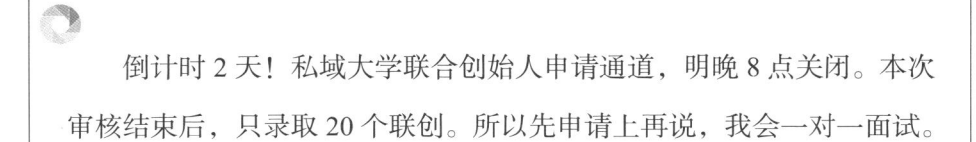

> 倒计时2天！私域大学联合创始人申请通道，明晚8点关闭。本次审核结束后，只录取20个联创。所以先申请上再说，我会一对一面试。

> 【重要】今晚8点准时公布面试审核结果。

这都是在制造稀缺紧张的氛围，同时我们也会在朋友圈不断地发倒计时海报，倒计时3、2、1，报名截止。

截止报名之后我们还要做追售，追售给那些没有报名的人，给他一个付费的理由。

第五阶段：追售。

按照三步来做：宣布发售截止→公布发售成果→持续塑造价值。

> 昨天私域大学联合创始人发售结束，共收到了68份申请，一期精力有限，仅能录取20人。这次发售方案持续了15天，写了40条朋友圈，2条私信文案。

第六阶段：截止。

公布发售成果。

> 私域大学联创审核中，这一期不太合适的同学只能等到下一期了。

这里如果是不合适，我们真的就退费给他。

> 私域大学联创一期开营结束，还想加入的同学只能等下一期了，每期都会涨价 5000 元。今年的小目标，陪伴 100 位优秀私域流量操盘手共同成长。

招募即使结束了，我们也要在朋友圈不断地发布相关内容，塑造我们的价值，为二期做准备，让大家知道，我们在落地在行动。

> 5月1日，劳动节。发布了两个私域大学联创操盘的项目，带着大家一块来做项目执行操盘。用实操来孵化更多私域操盘手。

> 私域大学联合创始人 5 月份 2 个操盘项目启航。除了圈子、课程之外，更重要的是能够参与到项目的操盘执行过程中，真正学会如何做品牌私域流量操盘。

以上就是知识付费行业高客单价产品求助式发售的整个流程，如果你也是知识付费行业的，想要发售自己的产品，也可以尝试按照这个流程，利用求助的方式，寻找意向客户。

7.3.2 小众萌宠淘宝店新品上市,求助式发售

求助式发售不仅仅适合知识付费行业、虚拟产品,实体店产品同样适用,我们在做求助式发售的时候,常常从以下几个方面去展开求助:

(1)求助活动类型是否喜欢。我们即将推出一种活动形式,比如团购、秒杀、抽奖这几种形式,我们可以调研他想要哪一种活动形式?直接回复编号就可以了。这个是给你的活动做一个前期的预热。

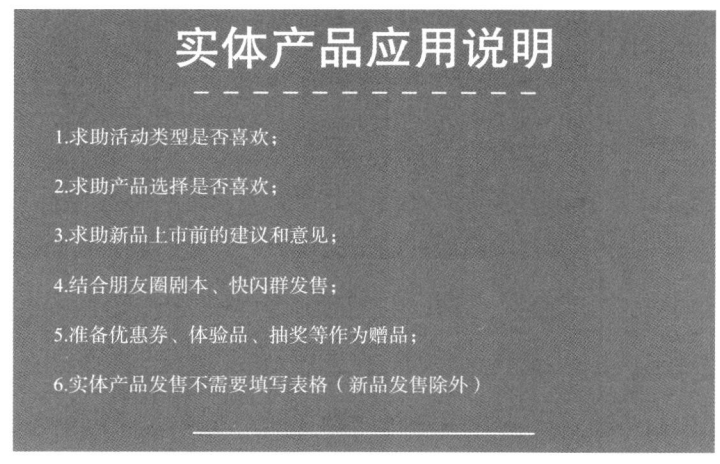

实体产品应用说明

1.求助活动类型是否喜欢;

2.求助产品选择是否喜欢;

3.求助新品上市前的建议和意见;

4.结合朋友圈剧本、快闪群发售;

5.准备优惠券、体验品、抽奖等作为赠品;

6.实体产品发售不需要填写表格(新品发售除外)

(2)求助产品选择是否喜欢。比如我选择这个产品,选择另外一个产品,ABC这三个产品你喜欢选择哪一个?

(3)求助新品上市前的建议和意见。这个特别关键,我们的新品在上市之前,最好通过这种调研的形式,让潜在客户与我们建立起这种关系。比如:"你好,经过长时间的内测和开发,我们的新产品终于要上市了,但是为了保证我们这个产品的质量,在上市之前我希望征询您几个问题,不知道您

有没有时间给我一个帮助。为了感谢您的帮助，我这个产品上线之后会给到你 5 折的优惠价格……"

（4）结合朋友圈剧本、快闪群发售。我们的求助式发售不是单独存在的，求助发售最好把用户举手的动作、剧本化的朋友圈文案以及快闪群发售的流程做一个结合。这样的话，用户的成交效率会更高。

（5）准备优惠券、体验品、抽奖等作为赠品。一定要设计好给用户的赠品，准备好相关的优惠券、体验品、抽奖等作为赠品。参与调研的同学你都要给他们一个赠品，不然用户很容易删除你。

（6）实体产品发售不需要填写表格，因为如果填表格的话会比较麻烦。

最后，还有几个注意点：发售流程不要一次打完所有的子弹。我们在去做发售流程的时候，一波、二波、三波、四波……一波一波地发售，这才叫浪潮式发售。不能一次性把我们所有的权益、所有的福利都分享出来，否则用户万一这次没有成交，你就没有办法再去刺激他成交了。

蜜茶是淘宝一家专做蜜袋鼯活体＋粮食的商家，在这种宠物里排名前三。该宠物是小众宠物，活体客单较高，粮食客单较低。淘宝进店流量 99% 都是新手，并且需要看不同种类的蜜袋鼯视频，客服一般都会引到私域进行沟通，所以引流成本极低，目前已经有私域用户 1 万多人。我们为了给客户一个买单的理由，所以借助新品上市的机会，通过私信求助的方式，让用户知道我们即将推出新品，通过给予优惠券的形式，吸引感兴趣的用户，参与到这次的活动中来。同时，限时限量和超级赠品也是必不可少的环节。

活动执行 SOP

（1）活动前的准备工作。

活动产品：小蜜零食冻干奶酪粒、新品配方奶粉。产品组合的销售方法

私域浪潮式发售：
快速搭建私域流量成交和变现系统

对用户吸引力更强，能满足更多用户的需求，价格方面显得更有优势，能带来更高的销售额。

各种活动物料：比如群成交全过程的话术，活动所需要的各种海报、图片等。尤其是每个环节的话术，都要提前打磨好。关于图片，一般就是准备好产品图、活动宣传图、倒计时等。关于产品的图片可以多准备不同类型的素材，比如宣传图、用户评价图、产品实拍视频等。素材越丰富，对用户越有吸引力。

（2）活动开始前的预热。私信求助式发售+朋友圈剧本式预热+一对一私聊邀约。

（3）活动执行流程：

①私信触达（把有回复有互动的打标签——"4月"）。

开始私信求助。

> 宝子你好啊，能不能帮我个小忙？（可怜表情）经过近3个月的严格测试和筹备，我们的新品小蜜零食冻干奶酪粒和新配方奶粉终于要上市了。但是为了能更清楚地了解大家的需求，这三天我会在朋友圈发布相关的信息，宝子能不能参与互动？
>
> 当然，如果宝子参与，我会赠送新品10元内部专享购买券给你的！券是外面领不到的哦！

活动开始触达。

第七章 百万发售秘籍，求助式发售方案设计

> 哈喽宝子，我们的新品"开挂小零食和新配方奶粉"将要内部发售了，小蜜好吃到停不下来。为保证因疫情影响的工厂能及时生产交付，这次的新品发售每个群仅有150单。因为宝子参与了我们的前期互动，我特地通知一下，要想参与，我邀请你进群哦。

②朋友圈内容。

第一天：

第一条朋友圈：

> 宝子们，求助！
>
> （配图：求助图）

> 评论区：
>
> 追评1：大家能不能帮我个小忙？（可怜表情）经过近3个月的严格测试和筹备，我们的新品小蜜零食冻干奶酪粒和新配方奶粉终于要上市了。但是为了能清楚地了解大家的需求，这三天我会在朋友圈发布相关信息，宝子能不能参与问题互动？
>
> 当然，如果宝子参与，我会赠送10元新品优惠券给你的！券是外面领不到的哦！

私域浪潮式发售：
快速搭建私域流量成交和变现系统

♡

　　追评2：收到我求助私信的宝子可以点个赞，新品上市后我记着给你们争取福利呐！

　　追评3：还没有收到消息的宝子，可以等一会儿，让我的求助私信在路上飞一会（机智表情）。

第二条朋友圈：

　　之前有宝子和我聊天时说自家小蜜不爱吃带腥味的鳕鱼条。说时无意，但我一直记在心里啦！（太阳表情）还有其他宝子有零食方面的问题吗？

　　（配图：聊天截图）

♡

　　评论区：

　　追评1：还有宝子说小蜜能吃的零食也就那老三样，早就想给小蜜换个新口味零食吃了（偷笑表情）。嗯，宝子们的需求就是我们研发新品零食冻干奶酪粒的动力（奋斗表情）！

　　追评2：对呢，如果零食好吃的同时还能美毛靓发、强身健骨的话，那就两个字——完美！

第三条朋友圈：

> 有位宝子说得好~零食好不好就看精华！你们同意不？（机智表情）。
>
> （配图：产品图+工厂车间操作图+一桶牛奶和1块奶酪对比图）

> 评论区：
>
> 追评1：新品零食冻干奶酪粒10斤鲜奶浓缩1斤奶酪，0添加哦。
>
> 追评2：同时采用了航空冻干技术能锁住营养不流失。低温真空冷冻能干燥升华脱水，只留下营养（机智表情）。
>
> 追评3：这样的零食吃了当然是美毛靓发、强身健骨啦！

第四条朋友圈：

> 听过这句俗语没~好奶源产好奶粉，宝子们认同不？哈哈，粉质很细腻哦。（社会表情）
>
> （配图：牧场图+产品图+冲泡奶粉图）

> 评论区：
>
> 追评1：之前有看到宝子反馈的雀巢奶粉的一些问题，所以为了宝

私域浪潮式发售：
快速搭建私域流量成交和变现系统

> 子们的小蜜能健康成长，我们研发了新配方奶粉，用的是新品芬兰进口奶源，0乳糖。
>
> 　　追评2：好奶源产好奶粉，贴近母乳，天然低敏。哈哈，生产5小时，冲泡5秒钟。

第二天：

第一条朋友圈：

> 我们1个月前招募的愿意给自家小蜜做新品试吃的几个宝子发来的~哈哈！能得到宝子好评我感觉好棒啊！点赞！（开心表情）
>
> （配图：试吃宝子的聊天截图）

> 评论区：是新品零食冻干奶酪粒和新配方奶粉哦！

第二条朋友圈：

> 每次新品研发真的不容易（捂脸表情），对小蜜来说，奶粉最重要的是什么？当然是0乳糖！点赞本条等我发新品开售通知宝子们！
>
> （配图：实拍图+幼崽吃饭的图）

♡
　　评论区：贴近母乳哦，天然低敏。安全更健康，拒绝小蜜乳糖耐受性导致拉稀。

第三条朋友圈：

◐
　　终于等到送检监测机构后的营养成分表出来，赶紧贴上，叫个"开挂小零食"，你们觉得怎么样？（坏笑表情）
　　（配图：两个产品营养成分表）

♡
　　评论区：
　　　追评1：嗯嗯，营养成分是经过国家检测机构检测的（拳头表情）。
　　　追评2：尤其是新配方奶粉里面含复合维生素和复合矿物质，巩固骨骼，体格更健壮。
　　　追评3：还含有进口益生菌和水解乳清蛋白，能保护肠动力，健康促进发育哦。

第四条朋友圈：

◐
　　又被催上了~（捂脸表情）
　　（配图：咨询聊天截图）

私域浪潮式发售：
快速搭建私域流量成交和变现系统

♡　　评论区：很多宝子问我，新品零食和新奶粉怎么还不赶紧出？其实早在1个月前就研制好了，但为了最大程度做好小蜜的适口性，我们内部招募了十几名宝子做试吃，以保证小蜜吃得好。还是一样，点赞等通知哈。

第三天：

第一条朋友圈：

开挂小零食，好吃到停不下来。（机智表情）

（配图：小蜜下嘴吃的照片＋牛奶和奶酪配比图）

♡　　评论区：鲜奶浓缩熟奶酪，拒绝添加！

第二条朋友圈：

回答了好多宝子的私聊问题，让我喝口水缓缓～

（配图：咨询聊天截图）

♡　　评论区：吃了新品配方奶粉，再也不怕营养缺失难发育！

第七章　百万发售秘籍，求助式发售方案设计

第三条朋友圈：

> 哈哈，帮宝子们争取到了一个超级重磅的福利！
>
> （配图：和老板争取到福利的聊天截图）

第四条朋友圈：

> 我很激动地宣布，新品零食和新配方奶粉明天即将建内部群发售！为保证因疫情影响的工厂能及时生产新品交付到宝子手上，每群仅有150单！我和老板争取的神秘宠粉福利数量也有限，之前招募到试吃的宝子已经内部预订了十几个了，还剩不多。明日群内开售后先到先得。需要特别提醒的宝子点赞本条，到时我通知你！
>
> （配图：咨询"什么时候可以买"的聊天截图）

第五条朋友圈：

> 新品发售宠粉即将建内部群！开售时间：4月×日晚6：30，为保证因疫情影响的工厂能及时生产交付，每群仅有150单。另有推出限量版神秘宠粉福利，抢购时间很短哦，明日发售后先到先得。需要特别提醒的宝子点赞本条，到时我通知你！
>
> （配图：三张带价格的产品图）

③社群发售设计。

私域浪潮式发售：
快速搭建私域流量成交和变现系统

> 群名：新品发售嗨购节 3 群。
>
> 群公告：亲爱的蜜茶铁粉们，欢迎来到新品发售嗨购节内部抢购群。
>
> 【禁言】现在进群阶段，活动还没开始，请不要说话打扰其他人哦！
>
> 【置顶】大家提前把群置顶，避免错过活动。为保证因疫情影响的工厂能及时把新品交付到宝子手上，本次新品限量，每群仅有 150 单，卖完即解散本群。
>
> 【活动】嗨购节三大活动产品分别是新品零食冻干奶酪粒 ×2；新配方奶粉 ×2；奶酪粒 + 奶粉 + 升级版 HPW 蜜粮套餐。我们将在今天晚上 6 点半正式开始（抢购时间仅限 4 月 × 日晚上 6 点半点到 24 点）。
>
> 【福利】
>
> A. 通过群内专属链接下单并在群内晒单获得 1 次抽奖资格，奖品：价值 168 元的脸部按摩仪器 1 个（限量 10 个中奖名额）。
>
> B. 下单后参与群接龙，即获得精致限量版小蜜"可爱小帽" 1 个（非卖品，限量 100 份，仅限前 100 名下单的宝子）。
>
> 活动开始前还会有一轮红包轰炸，记得准时来哦！

活动开始倒计时。

第七章 百万发售秘籍，求助式发售方案设计

> （18：00，主客服号）各位蜜宝，我们的【新品限量发售】嗨购节将在今天晚上6点半准时开始！
>
> 本次新品限量发售嗨购节的产品是新品零食冻干奶酪粒、新配方小蜜奶粉和2022升级版HPW蜜粮。
>
> 本次嗨购节，蜜茶老板会再次在晚上18：30现身在群内为大家介绍产品并且答疑！懂得的宝子都知道，老板来了，必有福利哦！
>
> （发图：3张有价格的产品图）
>
> 宝子们收到回复：晚18：30点见！

> （18：25）在的扣1！要发红包雨啦！
>
> 红包一：10元10个红包，配文字：第一轮。
>
> 红包二：10元10个红包，配文字：第二轮。
>
> 红包三：10元10个红包，配文字：第三轮。

活动开始，产品介绍。

> （主客服号）各位蜜宝，我们【新品限量发售】嗨购节即将开始！本次新品限量发售嗨购节的产品是新品零食冻干奶酪粒、新配方小蜜奶粉和2022升级版HPW蜜粮。

私域浪潮式发售：
快速搭建私域流量成交和变现系统

> 下面由蜜茶老板为大家详细介绍！产品介绍时还请蜜宝们保持禁言哦，大家可以在答疑提问环节提出问题。
>
> 发红包进场——谢谢各位宝子！
>
> ————禁言————
>
> ————禁言————
>
> ————禁言————

> （介绍产品）首先，我来给大家介绍第一款新品，冻干奶酪粒。（发几张产品图）
>
> 之前是有宝子和我们聊天时说小蜜不爱吃带腥味的鳕鱼条，客服小姐姐告知我后，我们就开始着手研究新品零食了。
>
> 这是一款0添加的由鲜奶浓缩成熟奶酪的零食。经过我们测算，可以说10斤鲜奶=1斤奶酪。这样浓缩后的奶酪含有丰富的蛋白质及钙元素，这是牛奶和奶酪的比例图表。（发工厂图和比例图表）
>
> 因为生产采用了航空冻干技术和低温真空冷冻，能锁住营养不流失并可以干燥升华脱水，留下的全是营养，不是有句话吗？浓缩的才是精华。（发营养成分表）
>
> 所以，这样一款零食，它给小蜜带来的则是美毛靓发、强身健骨以及充分的营养，我们也给它起了个名字——开挂小零食。小蜜吃这款零

食的表现就是好吃到停不下来。这是我们1个月前招募的愿意给自家小蜜做新品试吃的几个宝子发来的反馈。(发聊天截图)

接下来,我给大家介绍第二款新品——新配方小蜜奶粉。(发几张产品图)

这款作为主食的新配方奶粉,其实也是根据宝子们的反馈研发的。之前是有看到宝子反馈的××奶粉的一些问题,然后我们又自己查了一下,综合各方面因素,觉得有必要为了小蜜能健康成长而升级新配方。

好奶源才能产好奶粉,我们深刻理解并且认同。所以这款奶粉用的是芬兰进口奶源,从用料源头就严格把控。(发牧场图)

同时,必须是0乳糖。我们严格拒绝小蜜因乳糖耐受性问题导致拉稀。做配方,我们是专业的,大家尽可放心。(放幼崽吃饭的图片)

值得一提的是,这款奶粉粉质细腻,5秒就能冲泡,简直不要太方便。(发冲泡奶粉图)

同样,这款主食的营养成分里含复合维生素和复合矿物质,能巩固骨骼牙齿更坚固;含有进口益生菌和水解乳清蛋白能,保护肠动力,健康促发育。(发肠道剖面图)

这是我们1个月前招募的愿意给自家小蜜做新品试吃的几个宝子发来的反馈。(发聊天截图)

吃这款奶粉,再也不怕营养缺失难发育。

私域浪潮式发售：
快速搭建私域流量成交和变现系统

最后，我介绍2022升级版的HPW蜜粮。大家看图吧，是近期我们正在卖的一款好评很不错的蜜粮。（发升级版蜜粮图）

Ok，我产品介绍就到这里。接下来，大家有任何问题可以提问啦！

────────────────────────

（客服号）接下来和蜜宝们说一下今晚在群内通过专属链接购买的惊喜！

嗨购节三大活动产品分别是新品零食冻干奶酪粒×2；新配方奶粉×2；奶酪粒+奶粉+升级版HPW蜜粮套餐。

【福利】

A.通过群内专属链接下单并在群内晒单获得1次抽奖资格，奖品：价值88元洗脸仪1个（限量10个中奖名额）。

B.下单后参与群接龙，即获得精致限量版"小蜜时尚潮帽"1个（非卖品，限量100份，仅限前100名下单的宝子）。

下单的宝子记得赶紧把付款截图发到群里来哦！我们将在晚上8点半开始进行抽奖（限购买成功后在群内接龙顾客）哦！

好啦，现在开始上！链！接！

发购买链接。时刻关注群内消息，及时解决问题，实时促单。

促单文案：发送喜报图、订单截图。

同时进行抢购的3个群，宝子们太热情了，30分钟新品零食冻干奶酪粒、新配方奶粉还有升级版HPW蜜粮，已经成交300单！还有不少同时买2套3套的！剩余数量不多了！宝子们抓紧时间！

第七章 百万发售秘籍，求助式发售方案设计

> 本次新品发售嗨购节所有活动产品已经全部团购完毕。
>
> 下单后48小时内发货！
>
> 小蜜时尚潮流帽随货发出——
>
> 活动结束啦~已下单还没接龙的宝子们可以再接龙一下！感谢大家的大力支持，一会儿给大家发红包，有单独需要的，请私聊！

第八章
可复制的视频号直播发售方案设计

8.1 视频号是当下最大的红利

最近两年，人们对视频号越来越熟悉，根据中国移动互联网数据库中的数据显示，2022年6月，视频号的月活跃用户已经突破8亿，直逼抖音，超过快手。随着互联网的发展和市场竞争的日益激烈，公域流量红利已经见底，以前粗放的投流方式渐渐落伍，获客成本越来越高，商家急需新的方向来拓展业务和提升业绩。这时候，一部分比较敏锐的人早早意识到了视频号的红利，大力投入，获得了非常不错的成果：有做母婴产品的博主，通过视频种草，短短一个月的时间做到了10万+的关注量；有搞摄影的视频号博主提到，当时其运营4个月的时间，关注用户就超过了20万，直接变现超60万元；也有一些作家，早早入驻视频号，不到一年的时间，在视频号的收入超过以前做公众号8年的收入……慢慢地，越来越多的人开始入驻视频号，在其中收获自己的粉丝，再通过一系列的种草视频，实现了非常可观的收入。

虽然视频号还比较年轻，一些功能还不够健全和便利，但是其基于微信生态，与公众号、小程序、企业微信、搜一搜、微信支付等形成一体的同时，也形成了完整的流量闭环，发展前景不言而喻。并且，视频号的成长速度，大家也都是有目共睹：2021年初，视频号红包开启了专属的红包封面玩法，并且支持添加视频号内容，Mac端微信支持浏览聊天中分享视频号内容、直播；2021年3月，支持视频倍速播放，支持发弹幕、直播投屏；4月，视频号连通了企业微信，直播提醒新增"直播预览功能"，上线了"直播任务"，机构管理平台上线，面向 MCN 机构开放注册，直播上线"云游"板块；5月，视频号小商店全面升级，直播打通订阅号；6月，直播入口重现视频号"朋友点赞"页面，新增主播 PK、打赏分级、文件演示功能，微信客户端发现页展示视频号、直播入口，小游戏一键直播功能；7月，小程序支持跳转视频号直播间，直播支持运动、云台相机可一键开播，企业微信支持员工绑定企业视频号……

这些信号都在告诉我们，视频号利用私域的力量，在不断地向变现靠近，如果你想入局视频号，一定要趁早，当视频号的功能越来越多的时候，红利也就越来越少了。我们坚信，在不久的将来，视频号会越来越便利、便捷、安全、有保障，如果你想在自己的行业中崭露头角，那么，不妨尝试一下视频号！

如果想做视频号，一定要做直播！众所周知，抖音是内容推荐逻辑，只要你的内容足够吸引人。而视频号的直播跟抖音直播是完全不一样的逻辑，视频上的直播属于熟人直播，是交朋友。我 2021 年下半年的时候，视频号停更了将近两个月的时间，这期间没有直播，也没有更新视频，一直比较迷茫。因为我的视频号点赞数据一直上不来，所以当时觉得视频号和视频号直播可能真的没有太大价值。

直到后来想到视频号定位的核心——在私域内搭建信任、提供价值，我才真正理解视频号。视频号直播更重要的是和自己私域的人交朋友，理解了这个关键点后，我们应该如何运营视频号这个载体就更加清晰了。

视频号直播在整个发售流程里起到两个作用：**第一，做价值输出和贡献的场；第二，做成交和用户付费的场。**在直播间小商店挂上购物车，用户的付费流程非常顺畅，所以，越来越多的人开始在直播间做成交动作。这部分就给大家讲解一下，如何应用视频号直播＋群发售的形式去做一场发售活动。

8.2 视频号直播的九个核心步骤

那么一场直播发售活动有哪些关注的点呢?

如果是想完成一场视频号直播+群发售这种活动的话,我们需要完成建预约群、拉预约量、直播间拉时长、直播间做裂变、价值塑造、植入梦想、限时限量、独有权益、群内追售九个核心步骤。

这九个步骤我们应该如何具体去应用呢?

第一步,建预约群。很多人在做视频号发售的时候,或在做视频号大型直播的时候,只是在视频号里拉了预约量,但是没有拉视频号的预约群。我们为什么要建立直播预约群呢?

建预约群的主要目的是为了推广,让活动更加成功。比如说我们团队在做上次万人直播峰会的时候,我们发了公众号文章,在公众号文章里告诉大家,这个直播峰会是一个什么样的活动,然后引导大家进群。他只要进群了,就证明对这个活动有兴趣,那么我们就可以在这个直播群内通过福利,引导更多人进入直播间,这个很关键。如果你有很多群,也可以在这些群内发送你的直播预告,引导大家进入。除此之外,我们还会给所有的好友发私信,这里一部分人会有疑问,我们之前不是讲,做活动的时候一般不动用私信吗?我们做私信的话用户不会很反感吗?会!但是,私信是需要有策略的!大家可以看一下我们当时的私信话术:

第八章 可复制的视频号直播发售方案设计

Hello，这周我邀请了 10 位私域流量大咖来我直播间，持续 12 个小时分享私域的新玩法和趋势。我也首次公开分享私域浪潮式发售的秘密，让用户批量付费！

如果你感兴趣，回复 666！

我邀请你加入预约群，群内从今天下午 6 点开始抽奖不断，还可以领取嘉宾全套干货 PPT！

如果有打扰，回复 2，送你一份 65 页的"门店私域流量解决方案"。

私域浪潮式发售：
快速搭建私域流量成交和变现系统

大家来看这个话术的设计，第一是讲原因，现在有一个直播活动，内容非常好，所以我来邀请你。第二是给福利，先让其表示态度，感兴趣的话回复 666，然后告诉他，群内每天下午 6 点都有抽奖，直播的课件也可以免费领取，这样用户的反感就能降低很多。如果他对这个活动完全不感兴趣，那么我们也会给他一个福利——一份 65 页的"门店私域流量解决方案"，表示对其打扰的歉意。整个流程下来，用户的删除率就会大大降低，所以，平时做活动的时候，不是不能用私信，而是说我们在私信的时候一定要给予用户福利。

如果只是简单地让用户进群就结束的话，对我们的直播活动帮助并不大，所以，我们还要让用户有进一步的动作——预约直播。为什么要让用户预约直播呢？大家都知道，当时视频号直播功能还不是很完善，只有预约的用户，才能在开播的第一时间收到消息，所以，当用户进群后，我们会引导他们预约直播，保证开播时的人气。

这个直播预约群，我们一般会提前 3 天建立，因为历时比较长，为了保证用户的注意力在群内，我们会在群内进行栏目化运营，每天在群内抽奖。奖品的形式多种多样，有实体书、日用品、虚拟产品等。当然，这些奖品也是赞助的，大大降低了我们的活动成本，而赞助方通过我们的直播间和社群进行了产品宣传和推广，双方互惠互利。通过抽奖的形式，让群内好友和潜在客户得到相应的价值。

建群的目的，是在开播的时候在群里给大家提醒，还有后续的追售。还有一个作用，大家都知道，直播时的突发事情会比较多，如果你在直播的时候，直播间突然断掉了或者是你误操作点了结束，这时候之前预约的用户可能就全部流失掉了。如果你先拉了一个预约群，用户都进到了你的预约群里

第八章 可复制的视频号直播发售方案设计

面,即使有这类突发情况的出现,也是可以通过这个预约群再次开启直播,将影响降到最低,具有非常好的抗风险性。所以,如果要做直播发售,一定要建群。

第二步,拉预约量。上面我们说过,开播流量对整场活动的总流量有很大影响,所以我们要让尽量多的人预约直播,并且让一部分 KOL 发挥自己的力量,拉更多的新人,预约直播。

为了激励大家,我们做了一个视频号直播预约排行榜裂变活动,借助视频号自带的排行榜功能,通过诱人的奖品,吸引用户主动参与裂变。

从下面这张图可以看到,当时我们总预约量是 1862 人,但是其中 824 个预约量都来自这些 KOL 裂变,占到整个预约量的 44%。排行榜第一的人,一个人就带来了 68 个预约量,可见私域的威力和 KOL 的力量!

⊙ 11月14日(星期日)12:00 直播			已正常开播
第一届私域万人直播峰会十位大咖,持续十个小时干货输出			
推广渠道的预约	其他渠道的预约	预约总量	
824	1038	1862	

推广人数 319 / 1000　　　　　　　　　　　　　　　　　下载表格

序号	推广人	微信号	贡献预约	实际观看人数	贡献成交额 ⊙
1		y****an	68	0	0
2	否欤 Y.	Y****55	46	0	0
3		x****64	39	0	0
4		y****an	35	0	0

很多人可能对预约量没有太大的感觉,根据数据研究表明,如果你能够将整场活动的预约量做到 1000 人以上的话,那么这场直播活动整个的场关不可能低于 1 万人。因为预约量到达了一定数值之后,我们的开场流量会非常大,所有之前预约的人,都能够直接收到你开播的消息,而且是强制提醒,所

私域浪潮式发售：
快速搭建私域流量成交和变现系统

以这一瞬间就会有大量的流量进入直播间。当这个数值被后台监测到后，因为激活了直播间的奖励机制，视频号会主动给你推荐更多的流量进来。一般情况下是1：1的比例，也就是说，当有1个私域的流量进入以后，视频号就会从公域给你推流1个人。我的一个学员就是通过直播预约的形式，将预约量做到了11111人，进入直播间的有6798人，最终总观看量超5万人，其中1个199元的单品卖了2000单，转化率超高，最终这些用户用社群承接，后续还可以继续追售。

那么视频号预约打榜入口在哪？这个入口就在视频号助手的官方平台PC端，当我们在直播间点直播之后，直播间会有一个直播预告。点完直播预告之后，我们可以在直播预告里推广邀请他人推广你的预约。当然前提是我们需要建立一个预约的链接。想要参与的人，直接扫主播的推广二维码，就会弹出来属于自己的专属二维码，其他用户扫了这个专属二维码后，视频号后台就能将这个预约量计算到他的名下。

如果想要邀请更多人去推广我们的活动，帮助我们做预约量的话，就需要精心设计一个推广排行的PK机制。

那么这个推广排行榜用什么来激励大家呢？毫无疑问，是对这些KOL有吸引力的东西。仍然拿万人直播峰会举例，因为我们是做知识付费的，所以，我们的很多好友都是想要学习私域运营的人，所以我们的礼物设计主要是一些资料和实体书。当时我们设计了两种任务：阶梯任务和PK任务。

第八章　可复制的视频号直播发售方案设计

阶梯任务：

邀请 3 个人就可以得到《私域引流案例库》电子版内部资料；

邀请 9 个人就可以得到《万人会员社群起盘全流程的 SOP》纸质版内部资料；

邀请 13 个人就可以得到《一年顶 10 年》的纸质爆款书。

PK 任务：

邀请排行榜前 10 名，且邀请超 30 个人，我们会额外赠送《私域话术库 2.0》的纸质版。

私域浪潮式发售：
快速搭建私域流量成交和变现系统

第一个是梯度奖励，第二个是排行榜奖励，这两个给用户的激励是完全不一样的。梯度奖励是用户自己设定的目标，想要拿到什么福利，自己努力达成条件即可，无需和他人 PK。排行榜奖励则是刺激有能力的人，去冲向更高的目标，这样才能最大程度地发挥他们的力量。

第三步，直播间拉时长。我们先来看总数据。大家可以看到我们直播大概是 1.2 万多人的场观，最高在线人数是 1027 人。平均观看时长是 18 分 25 秒，这个时长已经很好了。

这里有两个数据需要重点去关注，就是新增关注量和平时观看时长。

新增关注是什么呢？新增关注量就是用户被我直播的内容所吸引，进而关注主播的人的数量。我们当时万人直播峰会上，新增关注是 1225 人，大概占观众总人数的 10%。这其中还不包含预约期间关注的增量，如果加上当时预约期间的关注增量，总的新增关注量已经超过 2000 人。而这 2000 多人，平时可能需要至少 3 个月的时间。

一场大型的直播活动能够给我们带来更多的流量的增长，特别是私域好友的增长量，但是在开播前，我们没有意识到这个的重要性，除了视频号的留存，我们直播间导流到社群的动作设计比较少，所以我们私域场景下流量的流失是比较多的。

上面我们说过，那场活动的平均观看时长是 18 分 25 秒，已经是比较好的数据了，这其实是因为，里面有将近 100 个人是从开始到结束一直在我们的直播间，足以说明私域的黏性有多大。为什么要特别关注直播间的平均观看时长呢？观看时长代表着观众是否对直播内容感兴趣，如果观看时长太短，就容易被系统判定为内容不好，后续推送的流量就会大打折扣，所以，我们要想有更好的流量，就要想办法在直播间留住人。只有留住人，才能更好地去卖货。

那么，我们在直播间如何去拉时长，更好地把用户留下来呢？教给大家两个核心的方法。

第一个方法就是及时推出福袋。福袋是非常好用的直播间拉时长方法。发福袋的时候，可以设置 3 分钟、5 分钟、15 分钟，要想拉时长，可以直接设置开奖时间为 15 分钟，这种情况下，时长自然就会大大提升。同时，我们也可以设置关注才可抽奖。领红包也是同样的设置，用户如果要参与抽奖或者领红包的话，必须先关注主播。很多人在直播的时候，直播间粉丝的增长量始终上不去，就是因为有些细节没有做到位。

第二个方法就是不间断地抽取大奖。当你的福袋奖品吸引力比较低的时候，是无法引起用户的兴趣的，所以，我们要不间断地在直播间宣讲，接下来即将抽取某某大奖，吸引大家去抽奖留存。

第四步，直播间做裂变。转发直播间领福利，这是比较常见的做法。引导大家评论转发直播间，关注视频号转发直播间，转发直播间到社群，截图转发朋友圈，然后找客服领福利。这也是扩大直播间观看量的一大方法，当然，前提是你提供的福利值得别人去转发，后续领取的时候凭截图找客服。

这里有一点需要注意，我们要在直播间和用户说清楚游戏规则，因为有的人转发以后会设置仅自己可见，或者截图以后立刻就删除了，所以我们一般会要求用户公开发布，并且留存半小时以上，在朋友圈内容泛滥的时代，半小时的时间就够了，半小时以后可能就已经被其他信息覆盖了。

第五步，价值塑造。我们说过，视频号就是用来交朋友的，在直播间，我们就是来传播价值的，给所有进入直播间的用户提供他所需要的价值。所以，我们的主要任务就是干货分享，让用户自己感知道内容是有价值的，后面的成交转化自然就比较容易。

同样的道理，无论你是在直播间卖什么，都要清楚地阐释产品的价值，从用户的角度去考虑问题，让他有所收获，这样才能建立起最基本的信任，后面你在给他售卖物品的时候，成交是顺其自然的事。

那么应该如何在直播间塑造产品价值呢？

首先可以明确的是，一个好的产品的价值，一定是基于一个好的内容来展现的。直播间区别于其他类型的商品售卖的是，它是基于主播的口述来展现产品价值的，所以一个穿透力比较强的表述能力是非常重要的，多用数据，少用虚无缥缈的词语。

假如你是卖水果的，如果你说："我们的橙子皮很薄，汁水很足，甜度也很高，吃起来口感特别好"，直播间粉丝听到以后，其实是毫无感觉的，但是你换一种说法，比如："我们这个橙子，皮特别薄，仅有 2 毫米，轻轻一剥，感觉汁水都要溢出来了，里面的果肉甜度是 27%，咬一口，跟吃了一口蜂蜜一样！"这样用户感知就会特别强烈。

除此之外，我们还可以通过多方面对比、客户复购率等来强化卖点。比如"比成本，人家用的是普通的布料，我们的衣服用料都是上好的新疆棉，一尺布的成本都 50 元了，每一件衣服的用料都超过 4 尺了""比面料质量，同样价格的 T 恤，别人的都是 40 支、80 支，而我们用的是 120 支，更加舒服，质量更好"……

第六步，植入梦想。通过产品描述，让用户看到使用／学习以后，自身的变化，塑造出一个美好的梦想，让用户主动举手，当他有了这个想法之后，我们后端的成交就相对简单，所以，你要在直播间里给他看到一些成功的可能和成功的路径。当然，这个梦想一定是可实现的，如果是夸下海口胡说八道，肯定是不行的。

当然，这个时候肯定还有很多人比较犹豫，那么我们就要下行动指令，形成从众效应，让意向强烈的用户带动还在犹豫的用户，快速地下定决心。比如说："大家想不想要？想要的在评论区扣 1。"当气氛调动起来的时候，成交就会变得很简单。

第七步，限时限量。一波接着一波提供，不要一次性上架所有的库存。如果你有 100 个库存，那你要分 5 次上线，一次不要超过 20 个。为什么？因为如果是直接上架 100 个库存的话，这个库存在很长时间内都不会被消耗完，有想法但是又在犹豫的用户，他一直会看，哇，还有这么多，我再等一等吧，等着等着，最后就有可能跑单了。所以，不要一次上架所有的库存。同时塑造产品的稀缺性，让直播间的用户感知到产品的价值，然后告诉他，产品是限时限量的。

有人会问，后续的产品怎么加上去呢？方法有很多，这里给大家介绍两种常用的。第一种方法就是当产品快速卖完后，让你的"气氛组"在评论区刷屏"没买到""再加点"……然后主播询问还有没有人想要，想要的回复"想"，接龙的人多了，我再去给大家申请一些名额。第二种方法，我们都知道视频号小商店，如果加购了，但是还没付款，是会锁定名额的，所以，我们可以跟直播间用户说，有人锁定了还没付款，我再给大家放出几个名额……总之，就是找一个合理的解释即可。

第八步，独有权益。你在直播的时候，用户下单是不是老是犹犹豫豫？加购了却又退出来？有没有什么办法能够打消用户的疑虑，让他马上下单呢？这个时候就需要直播间独有的权益了。

比如说，今天直播间下单，我们是所有渠道的最低价格；今天直播间下单，我们会赠送给你一个市面买不到的赠品；今天直播间下单，可以享受一个什么样的特权……这就叫独有特权。这种特权相当于给了用户一个独特的身份，一种荣誉……因为人人都有损失厌恶心理，有这么独特的福利，那些还在犹豫的用户肯定会立马下单。

第九步，群内追售。这也是很多做视频号直播的人都忽略的地方。我们之前建的预约群，群内用户都是我们的精准粉丝，如果我们不加以利用，就会损失很大一部分收入。所以，我们要在微信群内及时地公布我们的销售情况，让那些没有付费的用户看到价值，追售未能成交的用户，给已成交的用户追售更高价的产品。

我们可以在预约群里不断地告诉大家，谁谁已经购买，或者多久销售了多少，再或者是一些往期用户的好评反馈，产品价值的展现……

以上就是我们要做好一场直播发售需要完成的九个核心步骤，每个点都非常重要，都会直接影响我们的场观和最终的发售成果。无论你是做知识付费，还是品牌产品销售，都要做到这几点，把每个步骤都做到非常细致，这样才会有一个比较好的发售成果，同时也能留存更多的精准用户到我们的

第八章 可复制的视频号直播发售方案设计

私域。

除了上述的九个步骤外,我们还要注意一些直播间的细节动作,比如视频号直播间氛围的引导,一定要引导大家不断点赞,引导关注,引导用户的评论、转发、抽奖和领取红包。

直播间氛围特别关键,所以我们需要提前组建一个氛围组,我们可以在直播之前招募 10～20 个助力的人,在评论区不断地发文字,让大家关注引导,给直播间点赞、关注、评论、抽奖和红包。

还有就是热度与打赏。如果是一个大型的视频号直播的话,一定要把打赏拉上去,热度和打赏也能够影响直播间进人的速度。我们可以拿出一部分预算,去把打赏的热度打上来,引导更多的人进入直播间。

最后就是小商店的 GMV。视频号在推广期间,不定时地会有活动,小商店有推流 GMV 到达一定的额度,官方就会给你赠送流量券,只不过这个流量赠送是需要跟视频号的官方团队来申请。

在直播过程中,我们也踩过不同的坑,这里也给大家说一下,希望大家在直播的时候不要再出现类似问题,提高效率。

第一个就是关于抽奖。视频号的抽奖功能不是特别完善,用户抽完奖以后,如果没有第一时间截图留存,后续想要找到自己的中奖记录就很难,只能通过主播的后台——私信。当时我们只是处理兑奖的工作就用了 2 个人 3 天的时间,一部分人对视频号不熟悉,甚至看不到后台消息,所以,这个兑奖工作对于普通人来说就会很费时间。

(1)抽奖的种类不能太多,我们那次直播间抽奖的种类有接近 10 种,每一个数量都不一样,而且每一个奖品的兑奖、发奖的人都需要对接提供奖品的人,非常烦琐,所以整场活动抽奖种类不能超过 3 种。

（2）抽的数量太多，抽出去差不多有 300 多份礼品，后台一一私信也需要几个小时的时间，如果中奖的人没有私信你，你是不能给对方发图片的，只能话术引导，而很多人是不看视频号里的私信回复的，你就需要等，或者看对方在预约群里面催兑奖，这中间会浪费很多时间。

（3）群内抽奖小程序广告多，添加兑奖二维码步骤太多，很多人不知道怎么兑奖。可以考虑借助软件，换成九宫格抽奖，我们后来用得比较多的就是我们自己的聚客引擎。

第二个是连麦。你连麦的人，一定是有影响力的，这样的话，直播间流量曝光才会更大，用户的留存时间和数量也会比较多，官方也会推流更多的人进入直播间。不论什么类型的直播间，如果你分享的内容毫无价值，你的产品陈旧价值不高，你的讲话逻辑比较混乱……这都是无法留住粉丝的。一段时间内直播间流失大量粉丝，视频号也会减少流量的推荐，这样一来，直播间质量越来越不好，新进来的用户也留不住，如此恶性循环下去，只会越做越差。

以上就是我们视频号直播发售活动的整个流程，有一个学员，跟我学完直播发售后，完全按照我们的流程走，结合自己的产品做发售，一个单品就卖了 60 多万元。

第九章
发售活动设计,实体店业绩倍增的方法

9.1 门店私域爆破增长活动设计的核心五步法

门店私域爆破发售技术是我们常应用在线下的连锁品牌单店的一种模式，这个发售策略能够在短时间内收到很好的效果，并且操作相对比较简单。如果你告诉一个品牌方，做私域流量短则 3 个月长则 6 个月才能看到效果，那么大部分品牌方是等不起的。所以，我们要想办法解决这个问题，让品牌方在短时间内就能够看到效果。

我们在设计门店私域爆破增长活动的时候，通常会按照以下这五个核心步骤来设计。

（1）**围绕活动的目标做拆解**。我们是要更多的流量，还是要更多的销售额？核心点不一样，目标拆解和后面对应的活动也是不一样的。比如说，我们定的目标是要做 25 万元的储值，那么我们就要思考，进店多少人，能够转化多少人储值，有数据才能够有拆解的依据，假如我们引导了 5000 人进店，其中 500 人愿意储值，这 500 人，每人需要储值 500 元，才能完成我们原定的 25 万元的储值额度，这就是我们的目标拆解方法。

其实，我们做活动的核心目的都是成交，GMV=UV × 转化率 × 客单价 × 复购率。

UV 就是流量，我们通常会从各个地方导流用户进入自己的私域，在自己的私域中再进行裂变。导流可以通过线上或者线下的途径，如公众号的引流、小程序的引流、精准的短信/电话引流等。当用户进入私域以后，我们会用

第九章 发售活动设计，实体店业绩倍增的方法

企业微信、个人号微信作为流量的承接，再在现有的流量中，利用拼团、分销裂变、优惠券等进行精准流量的裂变。如此往复，流量就会越来越多，越来越精准。

企微号、个人号，还有各种优惠拼团的一些裂变，这些都是前端获取流量的一种形式。当然还包括，我们店员日常进入本地群，引流来的一些流量。

我们准备做一个理发店储值活动，现在一共有1000多个好友，我们给这1000多人做了私信预热，同时在朋友圈也同步预热，最后有100个人进入到预购群，最终活动结束的时候，这100个人里有20个人付了费，这个购买率就是进群的20%，占我们整个私域流量池的2%。这就是我们所说的转化率。

在发售的过程中，我们要始终关注每一场活动的转化率，然后不断优化。那么，转化率应该怎么优化呢？比如说新客，我们常常会给予新人超高折扣，有的人也会推出首单半价甚至免费；对于老客户，比较常见的就是社群福利日大促、会员专属、好物推荐种草等。除此之外，转化还与用户是否能够彻底触达、私聊是否精准、活动的选品是否受众广泛、有无优惠、活动的形式是否吸引人、商品组合是否恰当等有关系。

客单价直接影响销售总额。一个人买了一大瓶可乐，花费7元，但是现在告诉他，你再加2元就可以再得一瓶雪碧，这个雪碧原价4元，这个时候他就会觉得用2元买了原来价值4元的东西，非常划算，于是加价买2瓶，这样就能激发用户购买更多的产品，提升了客单价，所以我们要学会做产品组合。

我们之前有一个烘焙的品牌，只需要付9.9元，就能成为他们的会员，用户不需要有任何消费，每天都可以来领一个蛋挞，这样就锁定了用户进店的365天。当然大部分人都不会每天进店的，而且他只要进店，不可能只领这一

个蛋挞，肯定多少都会买点其他东西。这就是用户进店频次的重要性，用户进店越多，能够成交的机会就越高，他对你的信任值也会越高。

还有一个朋友是做服装的，只要花19.9元成为他们的会员，店内每个月都会给你邮寄一双袜子，这双袜子最低也要39元，而且无论多远都能邮寄，因为数量比较多，所以他们合作的邮寄成本非常低。每次邮寄袜子都是在跟所有的用户做触达，每个月互动一次，形成长期持续的触达。这些绑定用户的方式，都能够很好地提高用户复购的频次，从而提升整体营收。

（2）**活动设计**。活动的类型有很多，比如增加客户量的活动、增加用户付费额度的活动、增加用户复购频率的活动……它们的设计逻辑都是不一样的。

假如说要设计用户增粉的活动，我们常常会从加粉PK赛、分销引流、电话加粉、本地群加粉、任务宝、红包裂变、异业合作等角度去设计活动。以加粉PK赛为例，我们在活动开始的时候，就可以设计一个激励机制，假如每个门店有20个人，5个人一个小组，分4个小组，然后4个小组之间会进行PK，个人也会有排行榜，我们会定时公示结果，根据结果及时发放奖励。真正的执行者是员工，我们把重点放在员工身上，执行效果有保证，那么结果自然不会太差。

要增加用户的成交金额，也会设计销售的PK，同时根据不同的活动设计不同的引流品，搭建产品体系，让用户一直购买。为了提升用户终身价值，我们也会造节、做拼团等，吸引用户上门，然后用快闪销售，结合产品体系，做现场动员，争取更多的成交。

要提高用户的复购率，目前最常见的办法就是储值会员了，当用户有钱在你这儿的时候，他会时刻惦记着，复购率自然就会提高，而且会员卡常常也会有对应的消费积分，每次购买后，都能累积一定的分数，这些分数可以换取一些商品，比如良品铺子100积分=1元。当然，这些积分每年都会定点清零。也有买赠次卡的，累计多少张可以换购什么。我们小区附近一家卤肉店，我购买后，老板会给一张卡片，上面写着"集够5张换购凉菜一份，集够10张换购卤肉一份"。除此之外，我们在新品上市的时候、会员日的时候常常会触达客户，提醒他进行免费体验或者购买，在购买的时候，我们也会提供一些超级赠品，这些措施都能提高用户的复购率。

（3）**激励策略**。激励策略主要是针对线下门店的店员，我们在做活动的时候，活动的执行全部由员工进行，执行程度决定了活动效果，所以整场活动最核心的就是设计员工的激励策略。如何让员工更加认可这套流程，更加坚定不移地去执行这个策略，特别关键。

当然，这个激励措施一定是依据核心指标来进行设计的。比如我们在做前端流量的时候，会让员工做本地的群量，他在本地进到更多的微信群后，就会有每天的进群数量、群人数指标，这个有没有达标，超额完成奖励多少，没完成的如何惩罚，自建群的群人数有多少，在转化环节售出的引流品的数量等，都会设计激励政策。不同的核心指标，考核点也是不同的。你的核心指标是进群数量，那么就按照进群数量来设计；你的核心指标是转化，那么就按照转化出来的引流品的数量来设计。当然，大多数情况下我们会有所结合，比如，进群数量我们会有奖惩，引流品售出数量也会有所奖惩。

（4）**启动大会**。不管是给景区做活动，给综合体做活动，还是给餐饮门店做活动，都需要这么一个流程。

启动大会一般会分为四个步骤。

①门店的总经理发言，讲解活动的重要性，鼓励员工积极施行活动，相

信带教团队，认真履行自己的义务。

②带教老师发言，讲清楚整场活动的流程，活动的具体玩法，话术如何去发，员工应该怎么做，客户怎么参与进来……确保每位员工都清楚自己的任务和每天需要做的细节。

③带教老师讲解激励政策，也就是完成什么样的结果会有什么样的奖励。如果没有激励政策，整场活动的效果就会大打折扣，所以我们要让参与的每位员工都清楚，做得好的有奖励，做得不好的就要受罚。

④签军令状。我们会让每个人去定他自己的冲刺目标，如果完不成就要接受惩罚，比如20个俯卧撑、给每人买一杯奶茶等。个人的惩罚是必须要做的，只有当员工签了军令状，才有压力和动力，全力去执行。而且这个环节我们都会录像，在后期执行的时候，如果他没有完成，我们就会把视频拿出来然后激励他。这个环节特别重要，一定要重视！

（5）**过程监管**。过程监管就是我们会不定期地跟进活动进度，哪个店成交了多少金额，转化率是多少，加粉率是多少，排名第几……如果这个监管是在线下进行的，当有员工现场开单，我们就可以马上大喊一声，给他鼓励和荣誉感；如果这个监管是线上进行的，一样的道理，当有一个人开单了，有一个门店做到很好的成绩了，那么我们就要给及时给予鼓励。

以上就是我们在做门店爆破发售时候的五个核心步骤，每一步都需要我们认真思考，找到核心目标，根据目标一步步去操作。

9.2 战队PK发售系统，10倍放大发售成果

我们在做发售活动的时候，常常想尽量放大活动效果，争取更多的成交。那么，有没有什么办法，能够尽量多地扩大销售队伍，10倍放大发售成果呢？这就是我们这部分要讲的内容——战队PK发售系统。战队PK发售系统的优势就是它能够批量地调动和激励精准用户，挖掘品牌代言人，再通过一些福利，让这些KOL帮助我们带来更多的流量。

我们在设计战队PK发售流程的时候，往往通过五大核心阶段去做设计：激励政策、招募队长、启动培训、过程管理、奖励发放。

（1）**激励政策**。顾名思义，我们要在活动开始前，设计好针对团队的一些鼓励措施。

我们当时做发售私域操盘手工具书的时候，采用的就是组队形式。整个激励政策，我们首先采用的是基础任务奖励机制，比如一级分销30%，二级分销10%；其次要设置阶梯奖励，让其有比较容易达到的目标；最后还要设置个人和团队的排行榜激励，让有能力的人发挥更大的力量，帮助我们进行销售。

我们一般会使用分销系统设计活动，这个系统必须有PK功能，用户能在后台实时看到自己的战绩，看清楚他人分销的数量，变相激励分销更多的产品。

（2）**队长招募**。关于队长招募，我们一般会从两个方向考虑：面向人群

私域浪潮式发售：
快速搭建私域流量成交和变现系统

和战队招募。

从面向的人群来说，我们一般会首先考虑公司员工，比如销售、店员等，给员工设计一个充分的激励，他才有足够的动力；其次会考虑公司的代理、经销商；最后就是我们的KOL，因为自身有一定的影响力，所以在自己用的同时，也能够分享出去，赚些零花钱，这些人也可以是我们的招募对象。

确定人群以后，就要考虑关于战队招募的问题。团队招募以后，更重要的是如何及时准确地呈现结果和激励，此时就要考虑分销权益绑定的系统了。市面上影响力比较大的是有赞、小鹅通、零一裂变等，这些系统都有两级分销体系。

如果没有分销系统，但是也想做这种战队的PK发售，那么就只能人工去统计了，相对来说麻烦一点，但效果不会有影响。我们在之前做线上裂变活动的时候，也曾经让员工直接收款，然后把收款截图发到群里面，会有专门负责的人进行统计。每天都会出一个排行榜，当天下班的时候发放奖励金。

（3）**启动培训**。我们一般会对所有参与PK的人进行4个方面内容的培训。首先，就是关于产品的讲解，发售是否成功与产品的价值的呈现密切相关，所以我们要充分塑造产品的价值，并且让所有人都知晓。其次，就是要给所有人讲清楚激励措施，激励部分是所有参与PK的人最关注的，我们要想将活动效果百分之百呈现，就要给所有人讲清楚激励政策。接下来就是给话术，包括朋友圈的、私信的、社群的话术都要给到，如果没有话术，是很难去做执行的。最后，就是做答疑，给予一定的时间让大家提问，带教进行解答，当所有人都清楚了，我们才能顺利进行活动。

（4）**过程管理**。当我们公布了活动内容以后，参与者需要做的一些动作有没有做到位，指标有没有达成等，都需要我们时刻关注。支付截图的发送，

第九章 发售活动设计，实体店业绩倍增的方法

既能保证准确率，也能够激励参与者更加努力去完成分销。我们还要时刻关注排行榜，根据排行榜，及时发现问题，解决问题。同时，有一些做得比较好的员工，要让他站出来，做技巧分享，比如这个流程是怎么做的，我的成交率为什么这么高……要打造案例和样板，让其他员工看到，为什么别人能够分享出去，为什么别人能够赚到钱，而你不能。

最后冲刺的时候，比如最后1天、最后2个小时，一定要更加注意细节，鼓励参与者积极PK，冲刺下一个目标。

（5）**奖励发放**。奖励发放过程其实就是让大家看到，有人确确实实能拿到这个奖励，这是我们做整套流程关键的节点，只有让他看到，才能有动力去做。同时，我们也可以根据反馈的结果，在下次活动的时候进行调整。

9.3 案例：联合发售，一场免单节活动赚30万

联合发售的模式适合很多场景，实体的、虚拟的、线上的、线下的，这部分我给大家讲一个同城免单节商家联合发售的案例，通过免单的形式，实现三方共同收益。

大家都知道，我不仅仅做知识付费，还有一个平台公司是专门做同城电商、同城吃喝玩乐的。这个平台已经覆盖了全国1500多个城市，6000多个平台。我们在日常运营过程中，常常用同城免单节的策略来帮助商家做活动。

很多人可能不太清楚免单节是什么，比如我们在郑州，联合了100个商家，每个商家都出一些引流品，然后把这些打包，放在一张卡里，只要购买了这张卡，就可以在这100个店里任选一家直接去使用。这张卡只卖50元，你只要去一家门店消费，这50元钱就不白花。那么，这个免单节到底是怎么设计的呢？

首先，我们要清楚门店营销的痛点。第一，缺乏营销活动的策划和执行能力；第二，营销手段影响力太弱；第三，不会锁客；第四，天气因素对营销效果影响大；第五，时间上过于依赖休息日；第六，不熟悉互联网。

商家有痛点，用户也有痛点，我们要如何帮助商家解决这些痛点呢？我们发起方可以作为商家、用户的连接点，把他们联合在一起，做一场引爆整个城市的活动。

商家通过福利促进客人进店消费，给商家带来实实在在的进店流量。我

第九章 发售活动设计，实体店业绩倍增的方法

们当时免单节的一个商家——袁记串串香，连续三天店里排起了长队，同时绝大部分消费者都在店内进行了储值，而储值就是一个锁客的过程。用户在他的门店消费以后，门店老板给了用户一个超级主张——3倍储值，当餐免单，这种情况下，大多数用户都会直接进行储值。而且用户在排队的过程中，多多少少都会购买一些其他产品，带动了其他产品的消费，这也是排队的沉没成本，最后直接带来整个营业额的提升。

作为用户，既想吃到更多的美食，又想要更优惠的价格，现在他只需要花50元参加免单节，就可以获得114个商家提供的价值超过5万元的吃喝玩乐福利。真正做到了"多快好省赚"："多"是50元能够享受114个商家吃喝玩乐的福利，用户一看就很有冲击力；"快"是购买之后马上就可以享受；"好"是优选的品质商家，无论是产品还是服务都很好；"省"是50元买价值51246元的产品，够省；最后是"赚"，购买成功后，每推荐一个朋友报名，就可以赚到20元红包，微信秒到账！因此非常具有吸引力。

这里就变成了三方受益的局面了。首先，我们联合了114个商家，让每个商家都提供了优质的礼品/服务套餐，我们设计的分销机制——每推荐一个朋友就可以获得20元红包，把用户也联合起来，在获得收益的同时，也能给有需求的朋友提供该优惠。我们还设置了每个商家的分销排行榜，每个商家在他店里都会放易拉宝，假如每个商家每天进店100人，114个商家，每天进店1万多人，7天进店最少10万人，这样我们成交1万张卡其实就很简单了。这里的分销设计非常重要，直接决定了我们最终的发售成果。而作为活动的发起方，通过策划一次成功的全城刷屏的活动，策划方在本地能获得最高的知名度，当然关键是赚取了足够多的利润，比如销售额50万元，除去20元/单的红包奖励，还可以赚30万元的纯利润。如果再加上我们的冠名费

私域浪潮式发售：
快速搭建私域流量成交和变现系统

和广告费，最终的收益更多。

回顾一下整个运营流程，非常简单，运营商找到商家进行联合发售，设计引流品进行整合，推出免单礼包，消费者购卡以后进店消费，反哺到商家，提高商家的知名度的同时也带来了更多的流量。

而这个发售模式的根本逻辑就是共享裂变模式：共享福利、共享流量、裂变流量。什么叫共享福利？每个商家拿出 500 元福利，100 个商家福利总价值就是 5 万元；每个商家共享 100 个客户，100 个商家则共享 1 万个客户；裂变流量则依托于我们的分佣机制，微信到账，让活动更多地裂变出去。这样就形成了一个高回报、低成本、靠谱且可复制的一套流程。

这个过程是一个异业合作的过程，当然，运营方也要有一定的流量，同时，整个销售流程和分佣机制的设立也非常关键。

这次免单节，因为人手问题，我们并没有对这些门店的线下销售业绩做追踪，如果把这个也放进去的话，那么它的销售量最少能够翻一倍，如果你也是做本地吃喝玩乐的平台，不妨试一下这种联合发售的模式。